T0273290

Mujeres
en
AA

Historias de mujeres pioneras e hispanohablantes
que se han recuperado del alcoholismo.

LIBROS PUBLICADOS
POR AA GRAPEVINE, INC.

- The Language of the Heart (& eBook)
- The Best of the Grapevine Volume I (& eBook)
- The Best of Bill (& eBook)
- Thank You for Sharing
- Spiritual Awakenings (& eBook)
- I Am Responsible: The Hand of AA
- The Home Group: Heartbeat of AA (& eBook)
- Emotional Sobriety —The Next Frontier (& eBook)
- Spiritual Awakenings II (& eBook)
- In Our Own Words: Stories of Young AAs in Recovery (& eBook)
- Beginners' Book (& eBook)
- Voices of Long-Term Sobriety (& eBook)
- A Rabbit Walks Into A Bar
- Step by Step — Real AAs, Real Recovery (& eBook)
- Emotional Sobriety II —The Next Frontier (& eBook)
- Young & Sober (& eBook)
- Into Action (& eBook)
- Happy, Joyous & Free (& eBook)
- One on One (& eBook)

- No Matter What (& eBook)
- Grapevine Daily Quote Book (& eBook)
- Sober & Out (& eBook)
- Forming True Partnerships (& eBook)
- Our Twelve Traditions (& eBook)
- Making Amends (& eBook)
- Voices of Women in AA (& eBook)
- AA in The Military (& eBook)

EN ESPAÑOL
- El Lenguaje del Corazón
- Lo Mejor de Bill (& eBook)
- El Grupo Base: Corazón de AA
- Lo Mejor de La Viña
- Felices, Alegres y Libres (& eBook)
- Un Día a la Vez (& eBook)
- Frente a Frente (& eBook)

EN FRANCÉS
- Le langage du coeur
- Les meilleurs articles de Bill
- Le groupe d'attache: Le battement du coeur des AA
- En tête à tête (& eBook)
- Heureux, joyeux et libres (& eBook)

AAGRAPEVINE,Inc.
New York, New York
www. aagrapevine.org

*Derechos de Autor © 2021 por AA
Grapevine, Inc.
475 Riverside Drive New York,
New York 10115*
*ISBN: 978-1-938642-97-5
Impreso en Canadá*

PREÁMBULO DE AA

Alcohólicos Anónimos es una comunidad de hombres y mujeres que comparten su mutua experiencia, fortaleza y esperanza para resolver su problema común y ayudar a otros a recuperarse del alcoholismo.

El único requisito para ser miembro de AA
es el deseo de dejar la bebida.
Para ser miembro de AA no se pagan honorarios ni cuotas;
nos mantenemos con nuestras propias contribuciones.
AA no está afiliada a ninguna secta, religión, partido político,
organización o institución alguna; no desea intervenir en
controversias, no respalda ni se opone a ninguna causa.

Nuestro objetivo primordial es mantenernos sobrios y ayudar a otros alcohólicos a alcanzar el estado de sobriedad.

© AA Grapevine, Inc.

ÍNDICE

CAPÍTULO UNO

Nuestros queridos amigos

Mujeres no alcohólicas que ayudaron a AA
en los inicios de su historia

CAPÍTULO DOS

Pioneras

Las primeras mujeres alcohólicas alcanzan la sobriedad
y ayudan a abrir las puertas a más mujeres

CAPÍTULO TRES

Los despertares espirituales

El camino hacia el destino feliz

CAPÍTULO CUATRO

La sobriedad emocional

Un lugar sereno bañado en la luz del sol

CAPÍTULO CINCO

Ayudando a otros

Los frutos del servicio

CAPÍTULO SEIS

El programa de recuperación

Acción es la palabra mágica

La clave de la recuperación es enamorarse del programa

CAPÍTULO SIETE

La familia

El milagro de la reconciliación

VIII

BIENVENIDA

La mayoría de las historias publicadas en Mujeres en AA fueron tomadas de la revista La Viña y abarcan los temas más significativos de nuestra recuperación. El capítulo uno incluye relatos de mujeres no alcohólicas que contribuyeron en las primeras etapas de Alcohólicos Anónimos. En el capítulo dos, las primeras mujeres alcohólicas que llegaron a AA nos cuentan sobre sus luchas para obtener ayuda al encontrarse con una comunidad compuesta por hombres, preguntándose si el programa funcionaría para ellas.

Las historias en los siguientes capítulos se han escogido para representar la experiencia que las mujeres alcohólicas tienen en común, y para indicar la amplia variedad de mujeres que se recuperan del alcoholismo; cómo el programa de Alcohólicos Anónimos ha transformado sus vidas y ahora son ejemplos de que la recuperación es posible a pesar de lo que te depare la vida.

Deseamos que este libro sea una valiosa herramienta para llevar el mensaje de esperanza a aquellas mujeres que todavía no han encontrado nuestro programa de recuperación y así podamos abrir las puertas a más mujeres.

Nuestros queridos amigos

Mujeres no alcohólicas que ayudaron a AA
en los inicios de su historia

L a historia de Alcohólicos Anónimos incluye a individuos,
no alcohólicos, que hicieron contribuciones importantes a
la fundación de nuestra comunidad. Algunos nombres familiares de estos hombres fueron el Dr. Silkworth y el columnista
Jack Alexander. También hubo mujeres. Las historias de este capítulo son sobre estas mujeres, que han sido la inspiración, la guía
y han brindado el apoyo en el momento en que se necesitaba.

Este capítulo comienza con una historia contada por alguien que
continúa siendo muy apreciada en la comunidad: Lois Wilson, la esposa de nuestro cofundador Bill W. En el artículo "Círculo familiar",
Lois usa su propia experiencia como la esposa de un alcohólico en
recuperación para demostrar cómo aplica los Doce Pasos de AA para
su propia vida. También hay una historia acerca de Anne Smith, la
esposa del Dr. Bob, nuestro otro cofundador. Esta mujer de Akron,
es otra figura muy querida de los inicios de AA; Anne bien podría
haber sido la primera persona en comprender "el milagro que ocu-

rrió entre Bill y el Dr. Bob". La historia "Cómo éramos" es un perfil de Henrietta Seiberling, residente de Akron. Fue Henrietta quien reunió a Bill W. y al Dr. Bob — y el resto es historia. En esta historia, Bill manifiesta que su gratitud hacia Henrietta es "eterna".

En "Lo que una doctora aprendió de AA", publicada en 1940, la Dra. Ruth Fox describe de qué manera escuchar a un orador de AA por primera vez la convirtió en una defensora de nuestro programa, mucho antes de que hubiera algún reconocimiento público para el programa. Estas mujeres tenían fe en que la recuperación del alcoholismo podía ser posible en un momento en que nada más parecía funcionar.

Círculo familiar
AGOSTO DE 1953

Con frecuencia escuchamos decir que los Doce Pasos de AA son un estilo de vida para cualquiera, si reemplaza con la palabra "alcohol" cualquier problema particular de la vida. Para un familiar cercano de un AA, una esposa o un esposo, incluso la palabra "alcohol" no se debe cambiar en el Primer Paso. Simplemente se deja de lado la palabra "alcohólico" en el último, así: "llevar el mensaje a otros, etc.".

Nosotros, esposas y esposos de AA, intentamos vivir en nuestro grupo familiar según los Doce Pasos, y lo que sigue se refiere a cómo una esposa aplica los Doce Pasos para sí misma:

Primer Paso. Admitimos que éramos impotentes ante el alcohol, que nuestras vidas se habían vuelto ingobernables.

Yo era tan impotente ante el alcoholismo de mi esposo, como lo era él. Intenté de todas las maneras que conocía controlar la forma en que él bebía. Mi propia vida era, de hecho, ingobernable. Me vi forzada a hacer y ser aquello que no quería hacer o ser. E intenté manejar la vida de Bill como si fuera la mía propia. Quería meterme en su cabeza y girar los tornillos hacia la que yo creía que era la dirección correcta. Pero finalmente vi cuán equivocada estaba. Yo también era impotente ante el alcohol.

Segundo Paso. Llegamos a creer que un Poder Superior a nosotros mismos podría devolvernos el sano juicio.

Mi pensamiento estaba distorsionado, mis nervios crispados. Tenía temores y actitudes que ciertamente no eran sanos. Finalmente me di cuenta de que debía recuperar el juicio también, y que esto sólo se podría dar teniendo fe en Dios, en AA, en mi esposo y en mí misma.

Tercer Paso. Decidimos poner nuestras voluntades y nuestras vidas al cuidado de Dios, como nosotros lo concebimos.

La autosuficiencia y la costumbre de hacer de madre, enfermera, cuidadora y sostén económico, se sumaron al hecho de que siempre era considerada la que hacía bien las cosas, tener a mi esposo del lado opuesto provocó que tuviera sentimientos de superioridad. Al mismo tiempo, de manera ilógica, sentí que fallaba en el trabajo de mi vida. Todo esto me cegó por largo tiempo ante el hecho de que necesitaba entregar mi voluntad y mi vida al cuidado de Dios. Creo que la arrogancia es el peor de todos los pecados. Ningún rayo de luz puede penetrar su coraza.

Cuarto Paso. Sin miedo hicimos un minucioso inventario moral de nosotros mismos.

Aquí es donde, cuando intenté ser realmente honesta, recibí un golpe tremendo. Muchas de las cosas que creía que hacía de forma desinteresada eran, cuando me puse a revisarlas, puras racionalizaciones — racionalizaciones para lograr algo a mi manera. Esta revelación duplicó mi necesidad de vivir según los Doce Pasos, tanto como pudiera.

Quinto Paso. Admitimos ante Dios, ante nosotros mismos, y ante otro ser humano, la naturaleza exacta de nuestros defectos.

Descubrí que esto era tan necesario para mí como para un alcohólico, quizá incluso más, debido a mi actitud anterior de "la mamá y el niño malo" para con Bill. Admitir mis errores ayudó mucho a equilibrar nuestra relación, a acercarla al ideal de socios en el matrimonio.

Sexto Paso. Estuvimos enteramente dispuestos a dejar que Dios nos liberase de nuestros defectos.

Me di cuenta de que habían pensamientos, sentimientos y acciones egoístas que justificaba mantener debido a lo que Bill o alguien más me había hecho. Debía esforzarme mucho para que Dios me liberara de ellos. Por ejemplo, entre eso estaba mi autocompasión al perder la compañía de Bill, ahora que la casa estaba llena de borrachos, y rara vez nos veíamos a solas. En ese momento, no me daba cuenta de la importancia de su trabajo con otros alcohólicos. Para que se desvaneciera su obsesión por el alcohol, necesitaba sentir la misma obsesión por AA.

Al comienzo, también estaba mi resentimiento profundo e inconsciente porque alguien había hecho en unos minutos lo que yo había intentado hacer durante toda mi vida de casada. Hoy me doy cuenta de que una esposa rara vez puede, si acaso, hacer este trabajo. El alcohólico enfermo siente que la cuenta de su esposa está en la columna de crédito del balance de la vida, y sabe que la suya se encuentra en el lado opuesto; por lo tanto no es posible que ella pueda comprender. Otro alcohólico, con una entrada negativa similar en su balance, se siente identificado de inmediato como no puede hacerlo una persona que no es alcohólica. Me llevó un largo tiempo reconocer este hecho importante. No pude estar en paz hasta que lo hice.

Séptimo Paso. Humildemente le pedimos que nos liberase de nuestros defectos.

"Humildemente" era una palabra que jamás había comprendido por completo. Hoy significa "en proporción", una relación honesta entre mi compañero y yo, y entre Dios y yo. Al mismo tiempo que yo misma luchaba por lograr tener humildad, era alentador ver que mi esposo crecía en humildad. Mientras bebía, él era la persona más dominada por el complejo de inferioridad del mundo. Luego de AA, de ser un felpudo, pasó a sentirse superior sobre todas las demás personas, incluso sobre mí. Esto fue bastante difícil de llevar "después de todo lo bueno que había hecho por él". Por supuesto que algunas esposas al principio pueden notar lo natural que es para el alcohólico sentir que las personas más maravillosas del mundo son los AA que viven los únicos principios verdaderos. Dado que yo también intentaba vivir según el programa de AA, este fue el preciso momento en que tuve que observar mi propia humildad, sin que me importase el progreso de mi esposo o la falta de éste.

Octavo Paso. Hicimos una lista de todas aquellas personas a quienes habíamos ofendido y estuvimos dispuestos a reparar el daño que les causamos.

Al principio no podía pensar a quiénes había herido. Pero cuando atravesé mi propia arrogancia, incluso un poco, vi a muchos parientes y amigos a los cuales había ofendido; les había respondido de forma breve e irritada e, incluso, había puesto en peligro amistades de largo tiempo. De hecho, recuerdo a un amigo al que le arrojé un libro cuando me molestó luego de un día angustiante. (Arrojar cosas parece haber sido mi salida al humor de perros). Intento mantener esta lista al día e incluso trato de acortarla cada vez más.

Noveno Paso. Reparamos directamente a cuantos nos fue posible el daño causado, excepto cuando el hacerlo implicaba perjuicio para ellos o para otros.

Esto es tan importante para mí, como lo es para el alcohólico. Tener serenidad y disfrutar de lo que se vive y se hace, ser capaz de soportar los golpes duros que vienen y ayudar a otras personas a hacer lo mismo, descubrí que tenía que hacer reparaciones específicas para cada daño realizado. No podía ayudar a otros mientras estuviera emocionalmente enferma.

Décimo Paso. Continuamos haciendo nuestro inventario personal y cuando nos equivocábamos lo admitíamos inmediatamente.

Es asombroso cómo cada vez que hago un inventario, encuentro una nueva racionalización, alguna forma nueva en la que estuve engañándome que no había reconocido antes. Es tan fácil engañarse sobre los motivos. Es difícil admitir, pero tan beneficioso.

Undécimo Paso. Buscamos a través de la oración y la meditación mejorar nuestro contacto consciente con Dios, como nosotros lo concebimos, pidiéndole solamente que nos dejase conocer su voluntad para con nosotros y nos diese la fortaleza para cumplirla.

Estoy empezando a entender cómo rezar. Negociar con Dios no es una verdadera oración, y aprendí que pedirle lo que quiero, incluso si son cosas buenas, no es la mejor forma de orar. Solía pensar que conocía lo que era bueno para mí y yo, el capitán, le daría órdenes al teniente, que era Dios, para que las llevara a cabo. Eso es muy diferente a rezar sólo para conocer la voluntad de Dios y la fortaleza para cumplirla.

Supongo que para la mayoría de nosotros es difícil encontrar tiempo para la meditación. La vida de hoy es muy complicada. Pero he reservado unos minutos del día y de la noche. Estoy llena de gratitud hacia Dios estos días. Es uno de mis temas principales para la meditación; gratitud hacia todo el amor, la belleza y los amigos que me rodean; gratitud incluso para los días difíciles de antaño que tanto me enseñaron. Al menos he comenzado y he mejorado un poco mi contacto consciente con Dios.

Duodécimo Paso. Habiendo obtenido un despertar espiritual como resultado de estos Pasos, tratamos de llevar el mensaje a los alcohólicos y de practicar estos principios en todos nuestros asuntos.

Soy como muchos de los AA que no se dan cuenta de cuándo ocurrió su despertar espiritual. Mi experiencia fue de manera lenta y gradual. Incluso luego de un despertar espiritual repentino, nadie puede quedar inmutable. Uno va hacia adelante o retrocede. En retrospectiva, puedo ver un cambio para mejor entre mi antiguo yo y el nuevo, y espero que mañana, el próximo mes, el próximo año, continúe viendo una mejor versión de mí.

Y nada ha hecho más para que yo siga adelante que llevar el mensaje de AA a los no alcohólicos que todavía no entienden y aún necesitan la comprensión y la ayuda de quienes los precedieron.

Anne Smith
JUNIO DE 1950

No estamos seguros si ahora, sólo un año después de su fallecimiento, se pueda comprender el verdadero significado de la vida de Anne Smith. Ciertamente aún no se puede escribir, dado que la calidez de su amor, el carisma de su personalidad y la fortaleza de su humildad todavía sobrevuela a quienes la conocimos.

Anne Smith fue mucho más que una mujer amable. Era una de las cuatro personas elegidas por un Destino Superior para llevar a cabo un servicio a la humanidad. Cuán grande es esta contribución, sólo el tiempo y una inteligencia que excede a la del hombre lo pueden determinar. Con el Dr. Bob, Lois y Bill, Anne Smith pasó a la historia, no como heroína, sino como alguien dispuesta a aceptar la voluntad de Dios y lista para hacer lo que se debía hacer.

Su cocina era el campo de batalla y, mientras Anne servía café negro, allí se libraba una batalla que ha llevado a tu salvación y a la mía. Quizá fue ella quien entendió primero el milagro de lo que pasó entre Bill y el Dr. Bob. Y, en los años siguientes, fue ella quien supo con certeza divina que lo que había sucedido en su hogar sucedería en otros hogares una y otra vez.

Quiza fue porque Anne comprendía la simplicidad de la fe, que Dios la eligió para nosotros. Quizá es por ello que Anne nunca pensó, siquiera una vez, en sí misma como una "mujer de destino", sino que llevó a cabo su trabajo en silencio. Quizá es por ello que, cuando le dijo a una esposa desgarrada por la aflicción, "Ven querida, ahora estás entre amigos — amigos que comprenden", el miedo y la soledad desaparecieron. Quizá es por ello que Anne siempre se sentaba atrás en las reuniones, para poder observar a los principiantes a medida que llegaban, tímidos, con dudas..., y los hacía sentir bienvenidos.

En una de las paredes del Hospital Santo Tomás, de Akron, hay una placa dedicada a Anne. Es un bonito recordatorio. Sin embargo, hay uno más bello junto a la máquina de escribir a medida que esto se redacta — las cartas al Dr. Bob de parte de hombres y mujeres que la conocieron y la quisieron mucho. Cada una intenta poner en palabras lo que muchos corazones sienten. No lo logran — y ese es el tributo que no tiene precio. Ya que el amor real, el amor divino, escapa, incluso a la pluma del poeta. Por lo tanto, de la forma más simple que conocemos, y hablando por cada AA que hay en todas partes, sólo digamos: "Gracias, Dr. Bob, por compartirla con nosotros". Sabemos que ahora se encuentra en un Grupo Superior, sentada en la parte de atrás, con la vista puesta en los recién llegados, saludando a los extraños, ¡y escuchando para aprender sus nombres!

Cómo éramos (Henrietta Seiberling)
JUNIO DE 1991

Era un día sábado de mayo de 1935. Un proyecto empresarial desventurado me había traído hasta Akron, donde de inmediato colapsó, lo que me dejó en un estado de sobriedad precaria. Aquella tarde caminé por el vestíbulo del Hotel Mayflower de Akron. Mientras me mezclaba con la muchedumbre reunida en el bar, temí con desesperación un desliz. Era la primera tentación grave desde que, en noviembre de 1934, mi amigo de Nueva York puso frente a mí lo que se volverían los principios básicos de AA.

Durante los siguientes seis meses me había sentido totalmente seguro de mi sobriedad. Pero ahora no tenía ninguna seguridad; me sentía solo, indefenso. En los meses previos, me había esforzado mucho junto con otros alcohólicos. O, más bien, les había predicado de forma un tanto segura. En mi falsa seguridad, sentí que no podía caer. Pero esta vez era diferente. Algo se debía hacer de una vez. Hojeando un directorio de iglesias en el rincón más alejado del vestíbulo, elegí el nombre de un clérigo cualquiera. Por teléfono le conté sobre mi necesidad de trabajar con otro alcohólico. Si bien no había tenido éxito previamente con ninguno de ellos, de repente me di cuenta de cómo dicho trabajo me había mantenido libre de deseo. El clérigo me dio una lista de diez nombres. Estaba seguro de que algunas de esas personas me derivarían un caso que necesitara ayuda. Fui casi corriendo a mi habitación y tomé el teléfono. Pero mi entusiasmo pronto decayó. Ninguna persona en las primeras nueve llamadas pudo sugerir algo para ayudarme.

Todavía había alguien en la parte superior de la lista que no había llamado — Henrietta Seiberling. Por alguna razón, no pude reunir el coraje para levantar el teléfono. Sin embargo, luego de otra mirada al bar de abajo, algo me dijo: "Deberías". Para mi asombro, una cálida voz sureña se filtró por el cable. A pesar de que Henrietta afirmó no ser alcohólica, insistió en que comprendía. ¿Debería ir a su casa de una vez?

Dado que a ella se le había permitido enfrentar y superar otras calamidades, comprendía muy bien las mías. Se convertiría en un vínculo vital para aquellos sucesos fantásticos que se darían en torno al nacimiento y el desarrollo de nuestra sociedad de AA. De todos los nombres que el párroco servicial me había proporcionado, fue a ella a la única que le interesó lo suficiente. Aquí quisiera dejar escrita nuestra eterna gratitud.

De inmediato, ella se hizo una idea de la difícil situación del Dr. Bob y de Anne. Poniéndole acción a sus palabras, los llamó a su casa. Cuando Anne respondió, Henrietta me describió como un alcohólico sobrio de Nueva York que, estaba segura, podría ayudar a Bob. El buen doctor aparentemente había agotado todos los recursos médicos y espirituales para su afección. Entonces Anne respondió: "Eso que dices, Henrietta, es sumamente interesante, pero temo que no podemos hacer nada ahora. Como es el Día de la Madre, mi querido muchacho acaba de traer una bonita planta en una maceta. La maceta está sobre la mesa, pero, por desgracia, Bob está tirado en el piso. ¿Podríamos intentarlo mañana?" De inmediato, Henrietta le hizo una invitación para cenar al día siguiente. A las cinco en punto del día siguiente, Anne y el Dr. Bob estaban parados frente a la puerta de Henrietta. Discretamente, Henrietta nos llevó a Bob y a mí a la biblioteca. Sus palabras fueron: "Es un placer enorme conocerte, Bill. Pero sucede que no puedo quedarme por mucho tiempo; cinco o diez minutos lo más". Me reí y comenté: "Supongo que está un poco sediento, ¿verdad?". Replicó: "Bueno, quizá entienda sobre este tema de la bebida después de todo". Y así comenzó una charla que duró horas.

La hermana María Ignacia
NOVIEMBRE DE 1964

Si a un número sorprendentemente grande de AA se les pidiera que nombraran a la persona que ha sido de gran ayuda para que lograran la sobriedad, mencionarían a una persona no alcohólica, la Hna. María Ignacia de la orden de la Iglesia Católica de las Hermanas de la Caridad de San Agustín. Nos preguntamos, ¿Cómo pudo ella, que no había experimentado en absoluto el alcoholismo, haber tenido la compasión y la comprensión total que ha demostrado en cada pequeña faceta del complejo caos en el que siempre se encuentra el enfermo alcohólico? El gran espíritu encerrado en su diminuto cuerpo terrenal siempre ha vivido incansablemente, tejiendo las hebras doradas de la inspiración espiritual de un alcohólico a otro, día tras día, año tras año, ya sea que su paciente fuera protestante, católico, judío o de ninguna religión en particular.

Muchos, literalmente, han mantenido el cuerpo, el alma y una temprana sobriedad, unidos por las hebras infinitas de su amor, preocupación y dedicación a la salvación de personas como nosotros. Dios obra de manera misteriosa para todos nosotros, sin embargo, ninguno de los maravillosos misterios de su gracia se podrían comparar con el milagro de esta pequeña monja y su don para con nuestra comunidad.

Una vez, mientras estaba parada contemplando a un nuevo paciente alcohólico en un estado lamentable, un representante del hospital preocupado por prácticas terrenales, preguntó si se había realizado el aporte financiero adecuado para el paciente nuevo. La respuesta, formulada con aspereza, fue: "Me interesan las almas, no los dólares".

En otra ocasión, estaba parada mirando de forma reflexiva por la ventana y dijo, más para sí misma: "Ese fue un gran paso que di, pasar de la música (su primer interés) al alcohol". De hecho lo era. Aun así, la sinfonía más grande del más excelente maestro compositor, en su rendición más suprema, parecería menor comparada con los milagros en los que su gran espíritu ha jugado un rol fundamental. Imaginen un gran escenario en el que se pudieran reunir de una sola vez los miles de alcohólicos recuperados a quienes ayudó. Luego imaginen un gran auditorio al frente de ese escenario en el que se pudieran juntar las familias, los parientes, los amigos y otros allegados de quienes ocupan el escenario. El espectáculo, si fuera posible llevarlo a cabo, superaría en belleza a la producción musical más grande de todos los tiempos. Nuestro Señor le dijo a sus discípulos que fueran a predicar el evangelio y a curar al enfermo. Ninguno de sus siervos ha contribuido más a la sanación del alcoholismo que ella. Aun así, en su absoluta humildad podemos escucharla decir, como lo hizo uno de los médicos antiguos: "Todo lo que hago es vendar la herida. Dios es el Gran Médico".

¿Cómo se expresa con palabras la gratitud y el amor que tantos de nosotros sentimos hacia la Hna. María Ignacia? La respuesta debe ser que es imposible. Sólo a través de lo que somos y lo que hacemos se puede demostrar la realidad de esta gratitud y amor hacia ella.

"Ahora es la eternidad, este preciso momento es la eternidad". Eso es lo que ella nos ha dicho a muchos de nosotros una y otra vez. Para quienes hemos aprendido a vivir un día a la vez, con frecuencia un minuto a la vez, quizá esta declaración tiene un significado profundo que otros no compartan. "Cada momento de la vida es un regalo de Dios, que cuando lo atravesamos, queda depositado para siempre en la eternidad exactamente como lo dejamos". Gracias a ella, muchos de nosotros hemos intentado mejorar la calidad de los depósitos en la eternidad de Dios, sabiendo muy bien que nuestro máximo será una contribución lamentablemente pequeña.

Las palabras, incluso usadas por un maestro, si tuviéramos uno, no pueden expresar la gratitud y el amor que tenemos por esta gran sanadora de nuestra enfermedad en común. Más bien, debemos, y tenemos que, intentar demostrarlo a través de la acción, en nuestras propias vidas y en el esfuerzo por ayudar a otros.

Anónimo

Lo que una doctora aprendió de AA
ENERO DE 1973

He aprendido bastantes lecciones de los miembros de AA y de otros alcohólicos. Muchos otros médicos que han escuchado con la mente abierta, han descubierto las mismas verdades. Pero antes de que les transmita dichas lecciones, primero permítanme compartir mi experiencia —y esperanzas— con ustedes, al estilo de AA. Algunos años atrás, descubrí que un familiar de mi esposo se había vuelto alcohólico y yo me horroricé de que ninguna rama de la medicina fuese capaz, en aquel momento, de hacer algo al respecto. En ocasiones, se podía aliviar algo de la miseria que implica la desintoxicación; sin embargo, no existía ningún tipo de tratamiento médico que resultara en una sobriedad a largo plazo.

Entonces, hace casi 33 años, escuché a mi primera oradora de AA, Marty M. Eso cambió toda mi vida y siempre estaré agradecida. Comencé a dedicar todas mis energías profesionales a ayudar a los alcohólicos, e intenté acercar a todo alcohólico que veía a AA. Todavía lo hago.

En mi primera descarga de entusiasmo, estoy segura de que cometí errores — supongo que como cualquier principiante de AA. Con frecuencia, me encontraba cargando al paciente, en lugar de llevarle el mensaje de recuperación. Pero pude aprender y mejorar. Y, eventualmente, para poder hacer un mejor trabajo con los alcohólicos, volví a capacitarme y me recibí de psiquiatra y psicoanalista.

Luego de algunos años, abandoné el psicoanálisis como técnica para tratar el alcoholismo. Aún creo que puede ser útil para algunos alcohólicos, luego de que hayan logrado estar sobrios y estables en AA. Pero, desde mi propia experiencia, he visto que simplemente comprender sus problemas ciertamente no puede transformar a un alcohólico en un bebedor social.

Para citar a un psiquiatra y psicoanalista alcohólico que una vez fue paciente mío: "¡Un martini y toda su introspección se va por la borda!" Había hecho diecisiete años de psicoanálisis, pero su condición de bebedor continuaba empeorando.

A medida que el tiempo transcurría, aprendí que muchos alcohólicos simplemente no van a AA, como todos los miembros de AA saben muy bien. Aun más, algunos de los que van a AA pueden parecer tan sinceros como otros y quizá se esfuerzan tanto como pueden, pero no parecen ser capaces de permanecer sobrios. Mis amigos de AA me cuentan que conocieron alcohólicos como éstos también.

Al poco tiempo vi que posiblemente podía llevar a la mayoría de mis pacientes a AA, y que ellos se recuperarían. Pero, ¿qué sucedía con aquellos otros — los que no se acercarían a AA o que parecían reacios o incapaces de comprender la filosofía de AA? ¿Debía rechazarlos y que mueran, o seguir intentado encontrar algo que los ayudara, al menos hasta cierto punto?

Decidí seguir "recomendando" a AA como pilar fundamental de mi tratamiento, pero también seguir intentando encontrar otras formas de ayuda para los alcohólicos no afectados por AA.

Aspirando tener una mentalidad abierta, comencé a investigar todo tipo de tratamientos para alcohólicos. Entre los que intenté, pero descarté, estaban el LSD, la hipnoterapia, la terapia grupal con orientación psicoanalítica, la terapia megavitamínica y los grupos de encuentro.

Todos estos, cuando los buenos terapeutas los usan de forma pertinente en pacientes adecuadamente seleccionados, han ayudado a algunos alcohólicos, lo sé. Pero desde mi práctica personal, los mejores resultados se logran de otro modo.

Ahora, como complemento de una fuerte dosis recetada de AA, utilizo principalmente asesoría, Antabuse, psicodrama y terapia informativa — es decir, simplemente dándoles información a los alcohólicos y eliminando algo de su antigua desinformación acerca del alcohol y el alcoholismo.

Cuatro preguntas que aún me hacen con frecuencia, y algunas de las breves respuestas que doy son:

1. ¿Qué pasa con los tranquilizantes y los sedantes para los alcohólicos?

Administrados en el hospital durante la abstinencia, bajo los resguardos médicos adecuados, pueden ser útiles. Pero son altamente adictivos y los alcohólicos deben aprender a vivir sin ningún químico que les cambie el humor. Desearía que todos los médicos dejaran de entregar de forma liberal las recetas para estos medicamentos a casi todos los pacientes, y que ciertamente dejaran de recetarlos para los alcohólicos.

2. ¿Qué pasa con las llamadas curas y volver a beber de forma "normal"?

El alcohólico ya no puede volver a beber de forma "normal", del mismo modo que un encurtido no puede volver a ser un pepinillo. No debemos subestimar el efecto farmacológico del alcoholismo. Psicológicamente, la adicción es irreversible, y la afección se vuelve más grave a medida que avanza la edad.

Hubo, en la historia médica, una o dos excepciones bien documentadas, así como debe haber habido algunas curas espontáneas, sin explicación, de cáncer. Pero, ni el doctor ni el paciente harían bien en depositar su confianza en semejante milagro aparente. Jamás he visto uno yo misma.

Los alcohólicos que he conocido y que volvieron a caer en la bebida, acabaron en un estado peor que nunca. Ninguno ha sido capaz de beber de forma "normal", y las posibilidades son aproximadamente una en dos millones.

Pero, ¿qué es lo extraordinariamente maravilloso acerca de beber de forma "normal", de todos modos? Cuando las personas han aprendido a llevar sus vidas sin alcohol, cigarrillos, o cualquier otra droga, ¿para qué volver a eso?

3. ¿Qué pasa con el Antabuse?

Puede ser una ayuda muy útil para establecer un período sin beber para muchos alcohólicos, pero no todos los alcohólicos deben tomarlo. Ciertamente, esta no es la respuesta completa para el alcoholismo. El período de sobriedad al que el Antabuse contribuye se debe usar para obtener una buena comprensión de AA, en mi opinión, y luego se puede abandonar el Antabuse.

Por otro lado, el Antabuse no es un medicamento para cambiar el humor. No tiene efectos psicológicos de ningún tipo —incluso si se toma durante muchos años— siempre que el paciente evite el alcohol en todas sus formas.

4. ¿Qué opinión tiene de AA actualmente?

Es lo mejor. También estoy muy entusiasmada con los grupos de familia de Al-Anon y Alateen. Estas dos comunidades pueden realizar cosas maravillosas que nadie más puede. Sin ellas, con demasiada frecuencia quienes intentamos ayudar al alcohólico nos transformamos en los "facilitadores" o los "coalcohólicos", que sólo empeoramos la situación sin quererlo o saberlo. Me emociona la posibilidad de nuevos descubrimientos genéticos o bioquímicos, así como la nueva comprensión que estamos comenzando a tener sobre el cerebro. Sin embargo, desde mi punto de vista, me parece que AA tiene el futuro más prometedor de todos, si continúas llevando tu mensaje, con una mente abierta.

Ruth Fox, MD

Entrevista con Nell Wing
JUNIO DE 1994

U *sted ha descrito a Grapevine como una publicación con una "historia improbable". ¿Qué quiso decir?* Es un milagro que la revista Grapevine aún exista después de 50 años. Grapevine no tiene lo que muchas otras revistas tienen — como avisos o un equipo de ventas. Se tiene que apegar a su propósito principal y, básicamente, eso es pedirle a los miembros que escriban artículos, compartan sus historias, que presenten eventos que tengan lugar en su área, ahora o en un futuro. Sin embargo, Grapevine continúa siendo publicada porque hay muchas, muchísimas personas que la entienden y la aprecian. Siempre hay suficientes miembros que la encuentran útil y de mucha ayuda para mantener la sobriedad y seguir adelante. Algunos la leen, incluso, desde antes de ser miembros de AA.

¿Qué tenía Grapevine que a Bill le resultaba tan atractiva?

Bill rápidamente la visualizó como un medio para llevar el mensaje. Y dado que no podía conectarse personalmente con todos los grupos y áreas de AA de forma regular, la usó como fuente principal para compartir y explicar las cuestiones importantes que él quería que la comunidad aceptara. Ahora bien, llevó varios años, como sabemos, antes de que haya un crecimiento constante y entusiasta de lectores de Grapevine. Pero Bill pensó que compartir sus ideas impresas de esta forma era importante. Estaba allí — podías leerla, podías pensar en ella, podías consultarla más tarde.

Ese fue un motivo para escribir el Libro Grande — para que el programa no se tergiversara en su difusión.

Exactamente. Si está impreso, queda constancia. Y, el hecho es que Bill quizá era su propio enemigo al intentar expresar sus ideas. Él podía llegar a ponerte contra la pared, por así decirlo, debido a la frustración que sentía cuando sus ideas no eran entendidas y aceptadas por los custodios y los miembros en general. Así que Grapevine era para él una forma efectiva de llegar a las personas — isin ponerlos contra la pared!

Ahora, Grapevine tiene 50 años y estamos considerando cuál será nuestro rol en el futuro. ¿Tiene alguna idea acerca de dónde encaja la revista Grapevine?

En preservar la experiencia — en mi opinión, eso es lo que uno hace en Grapevine. La finalidad de Grapevine es similar al propósito de los archivos en general: preservar el pasado, comprender el presente, así como debatir y predecir el futuro. En la actualidad llegan muchas personas jóvenes y necesitan conocer la historia de AA.

¿Cuál fue su primer contacto con personas alcohólicas o con AA?

Mi papá era maestro y juez de paz del pequeño pueblo donde vivíamos. Aprendí sobre los alcohólicos desde muy temprano porque la policía estatal con frecuencia traía a algunos a las tres de la madrugada y golpeaba nuestra puerta. Muchos de estos borrachos eran personas con una profesión, que vivían en nuestro pueblo, o en pueblos cercanos, y quizá eran buenos amigos de mi papá. En ocasiones él pagaba las multas por ellos — cuando has estado por ahí bebiendo hasta las 3:00 am, ¿a quién le queda dinero para pagar una multa?

Leí sobre AA en la edición de setiembre de 1939 de la revista Liberty —sentada en mi habitación de la universidad. Entonces, cuando vine por primera vez a trabajar a AA, sabía sobre eso, así como también sabía que un borracho no siempre era un "alcohólico vagabundo" (en inglés "Bowery bum").

Ithaca, Nueva York

CAPÍTULO DOS

Pioneras

Las primeras mujeres alcohólicas alcanzan la sobriedad y ayudan a abrir las puertas a más mujeres

Las primeras mujeres alcohólicas que llegaron a AA para obtener ayuda, se encontraron con una comunidad compuesta por hombres y varios grupos que no recibían mujeres.

Marty M., una alcohólica de la ciudad de Nueva York, a quien se pudo haber incluido en el capítulo anterior, reflexiona sobre su vida después de 29 años de sobriedad en el artículo "Después de 29 años". Y en la historia "¿Sólo para hombres?", relata su experiencia en su primera reunión en 1939. "Era la única mujer alcohólica allí", escribe Marty. Cuando vio el libro "Alcohólicos Anónimos", sus primeros pensamientos fueron: "Este es un libro masculino, completamente sobre hombres, obviamente escrito por y para hombres... después de todo, tendría que encontrar mi propia salida". Pero, valientemente, reclamó su silla. Al cabo de un año de sobriedad, viaja junto a Bill W. y Lois hacia Akron, donde ella hace su primera visita de Paso Doce, a una mujer a la que encuentra "borracha en la cama". En "Aprendiendo a volar", Sybil C., de Los Ángeles, escribe cómo al principio creyó que AA era una clínica u hospital de Nueva York. Ruth Hock, la taquígrafa de Bill W., le aclara y le sugiere que asista a una reunión de AA en Los Ángeles. Le advierte a Sybil que el grupo se está esforzando y que "no tienen ninguna mujer alcohólica en California". Afortunadamente, Sybil va de todos modos y comienza su travesía en AA. En "Aún activa después de todos estos años", Mary W. asiste a su primera reunión en 1960, una de las pocas mujeres de la Península de San Francisco. Su primera madrina, quien apenas tenía seis meses de sobriedad, era la única mujer ahí, además de ella. Mary también tenía que enfrentar a su esposo, quien "no quería que yo dejara (la bebida), no quería que fuera, pero yo fui de todos modos".

Esas y otras historias en este capítulo, nos cuentan hasta dónde tuvieron que llegar las primeras mujeres de AA para lograr y mantener la sobriedad.

Después de 29 años
JULIO DE 1968

Hoy, al igual que en abril de 1939 cuando asistí a mi primera reunión, los Doce Pasos son el núcleo del programa de AA. Cuando junté coraje para asistir a una reunión, había leído tres veces el Libro Grande, y había estudiado varios cientos de veces las páginas que contenían los Doce Pasos y las sugerencias sobre cómo usarlos. No me parecieron fáciles — incluso no parecían simples, a pesar de la claridad del lenguaje. Pero estaba ansiosa por ir a trabajar en todos, ya que me parecían la clave de lo que tan desesperadamente necesitaba: la seguridad de que sería capaz de alejarme de la bebida. En 1968 no me siento diferente acerca de los Doce Pasos, ya que me dieron lo que necesitaba para mantenerme alejada de la bebida. Al cabo de unos años, llegué a darme cuenta de que me habían brindado mucho más que eso: una noción de algo que jamás había conocido — paz mental, una sensación de comodidad conmigo misma y con el mundo en el que vivía, y muchas otras cosas que podría resumir como una sensación de crecimiento, tanto emocional como espiritual. Las reuniones siempre han sido importantes para mí, renuevan la inspiración que sentí en la primera. Me recuerdan de dónde vine y cuán cerca siempre estaré de ese mundo de penumbra que es la bebida. Sobre todo, me ponen en contacto con mis amigos y me presentan otros nuevos — en mi caso porque viajo mucho por todo este país y al exterior. El sentimiento de calidez, de amor y comprensión, de aceptación y pertenencia que obtengo en una reunión, para mí es una de las grandes recompensas de estar en AA. Es algo raro que tenemos, algo que el mundo de los no alcohólicos rara vez experimentan. Me hace saber lo afortunados que realmente somos. En mi vida laboral, en mi vida personal y en mi vida espiritual (esta última se la debo a AA, ya que no tenía una antes), encuentro que los Doce Pasos son una guía casi constante. Los llevo en mi billetera y los practico con regularidad.

La Oración de la Serenidad está impregnada en mi vida como una letanía; me descubro usándola en una inmensa variedad de ocasiones, para satisfacer una inmensa variedad de problemas. Quizá la cosa más grande que haya recibido (y que aún recibo constantemente) de AA es el conocimiento de cuándo y cómo sacar la fuerza y la flexibilidad para hacer frente a los problemas. Mi vida parece estar hecha de problemas, pero he aprendido que no soy única, que la vida, en general, es sólo eso. Los problemas, la tensión y el estrés son parte de la vida en nuestros tiempos y mi filosofía, impartida por AA, me ayuda a aceptar esto y a vivir con ello. Cada día es un nuevo día e intento hacerle frente de ese modo, como si cada día yo también estuviera fresca y nueva. El plan de 24 horas me dio esta perspectiva.

Veintinueve años después me siento tan profundamente inmersa en el pensamiento de AA y en el estilo de vida de AA como lo estaba al comienzo. Para mí es cada vez más necesario a medida que crezco. Y siempre está ahí para mí, como ha sido siempre desde la primera vez que lo descubrí. Por esto le agradezco diariamente a Dios.

Marty M.
Nueva York

¿Sólo para hombres?
JUNIO DE 1960

C uando asistí a mi primera reunión de AA el once de abril de 1939, era la única mujer alcohólica allí. Y quizá no hubiese estado ahí, de no ser porque antes que yo hubo otra, cuya historia había leído en el manuscrito de un libro titulado Alcohólicos Anónimos. Unas semanas antes, mi psiquiatra me había entregado un documento de tapa dura roja, diciéndome simplemente que él casi había abandonado toda esperanza de poder ayudarme luego de aproximadamente un año de tratamiento intensivo en el sanatorio que dirigía. Pero, agregó, que acababa de leer algo que podía ser de ayuda, y que quería que lo leyera. No dijo mucho más, excepto para resaltar que este grupo de hombres (el énfasis es mío) parecía haber descubierto una salida para el mismo problema que yo tenía — la bebida.

Tomé el libro con manos temblorosas y volví a mi habitación con una oleada desenfrenada de esperanza que me hizo subir las escaleras de a tres escalones por vez. Mientras leía, la esperanza aumentaba y decrecía una y otra vez. Mi problema tenía un nombre: alcoholismo. Sonó como música en mis oídos. El alcoholismo era una enfermedad. La vergüenza, la culpa y la autocondena se disiparon como la niebla espesa, dejando que la luz y el aire entraran a mi corazón nuevamente. Podía respirar; podía soportar el hecho de vivir. El alcoholismo era "una 'alergia' del cuerpo unida a una obsesión mental"; no había forma conocida de revertir la sensibilidad del cuerpo ante el alcohol, en consecuencia, un alcohólico jamás podría volver a beber de forma segura. Esta fue la primera razón que alguna vez había escuchado que tenía sentido para mí. Podía aceptarlo. Podía enfrentar una vida sin la bebida, porque debía hacerlo; no había alternativa — mi cuerpo no me permitía. No era una cuestión de aberración mental después de todo; no estaba demente, o irremediablemente neurótica; tenía una enfermedad, y miles de otras personas también la tenían. No era la única, no era tan peculiar, tan diferente, no estaba sola. ¡Estaba enferma! En mi mente se generó una canción de esperanza con esas palabras. Luego vino la decepción.

Este puñado de hombres había encontrado una respuesta a la "obsesión de la mente" que los impulsaba a beber contra su voluntad, contra su propio deseo, no sólo contra su propio sano juicio, sino sus propias buenas acciones. Esa respuesta era Dios. Mi esperanza se desvaneció. Esto no era para mí. No podía usar esta respuesta. Me había alejado de Dios en la adolescencia. Había dejado atrás esta noción primitiva. Era una intelectual, una mujer cosmopolita, que había viajado extensamente, bien educada y, alguna vez, exitosa. Una mujer. Mi esperanza desapareció por completo. Este era un libro masculino, completamente sobre hombres, obviamente escrito por y para hombres, y para un tipo de hombres en particular — hombres religiosos. Bueno, eso era todo. Yo no era una persona religiosa, y no era hombre. Después de todo, tendría que encontrar mi propia salida. Aún estaba sola.

Y entonces discutí con el doctor, día tras día y semana tras semana, acerca de este asunto de Dios. Pacientemente dejó que descargara mis argumentos arrogantes e infantiles. Con firmeza me mandaba otra vez a "leer un poco más", porque me escabullía por el libro, arrastrando mis pasos en cada frase discutible. Rápidamente él había respondido a mi queja de que aún era un libro sólo para hombres al decir sencillamente, "¿Qué diferencia hay con las mujeres que padecen la misma enfermedad?". Pero esta respuesta no me había parecido más satisfactoria que su elusión cuidadosa de mis argumentos contra Dios. Me había autorrelegado a las tinieblas exteriores y allí permanecería, sola con mi ego y mi orgullo.

Hasta que llegó el día; el día en que la crisis en mi vida personal hizo exactamente lo que el libro había dicho que haría. Elevó el fondo de dónde precariamente pendía y caí exactamente en las manos de Dios. Llena de gloria y júbilo me rendí con fe absoluta a un Poder Superior a mí misma. Era libre. Tan libre que sabía que podía salir caminando por mi ventana del tercer piso y continuar caminando.

Dios me sostenía a un nivel que jamás había imaginado que fuera posible, y no existía ninguna prisión —ni la que yo había creado, ni la de madera y cemento que era el sanatorio, ni de la gravedad misma — que me podía contener. ¡Era libre!

Un vestigio de mi antigua suspicacia me envío rápidamente al doctor. ¿Ahora me había vuelto completamente loca? De ser así, me gustaba. La cordura jamás se había sentido así; me sentía maravillosa, feliz, radiante, rebosante de amor y placer. El césped jamás había sido tan verde, el cielo tan azul, la gente tan amable y buena. El mundo era un lugar divinamente hermoso..., yo era libre. "Quizá lo seas", dijo el doctor, "porque creo que has tenido una experiencia espiritual auténtica. Aférrate a eso, ¡y vuelve a leer ese libro!".

Lo hice, y me pareció un libro diferente. Aunque todavía era obviamente para hombres, para mí era válido y me lo devoré. Por primera vez lo leí de principio a fin. Y allí encontré, entre las historias personales, una titulada "La historia de una mujer". Le doy gracias al Dios que recién he descubierto. Si hubiera sabido que me brindarías todo lo que necesitaba.

Por un tiempo, el libro parecía contener todo lo que necesitaba. Era reacia a conocer personas. Estaba demasiado ocupada deleitándome con una actitud mental que jamás había conocido: un estado beatífico del puro goce de vivir. Aun así, me sentía realmente un poco atemorizada — de cómo serían estos hombres, de cómo me aceptarían, a mí, una mujer. ¿Sería suficiente otra mujer? Esa mujer, ¿sería como yo y me aceptaría? ¿Estaría allí si fuera a conocerlos? ¿Sería, acaso, que verlos en persona arruinaría la euforia de mi sueño? ¿Era un sueño?

Transcurrieron semanas, y el doctor tomó el asunto en sus manos; coordinó una cita para que me reuniera con uno de estos hombres y su esposa y para que fuera con ellos a una reunión en Brooklyn. Me recibieron cálidamente; la regla era usar el primer nombre, me dijeron, y la Señora M. —Sandy— me hizo sentir más que bienvenida. Cenamos y partimos para Brooklyn, hacia la casa de piedra rojiza de Bill y Lois. Mientras ingresábamos, el primer piso se veía repleto de personas. Vi a varias mujeres entre la multitud, pero ninguna parecía haber bebido alguna vez. Se parecía a cualquier reunión de amigos, en una casa cualquiera, con muchas personas ajenas para mi gusto. Subí raudamente a dejar mi abrigo y me entretuve ahí. Lois subió y me rodeó el hombro con el brazo. "Queremos que vengas abajo con nosotros", dijo. "Eres muy bienvenida". Y se veía sincera. Creo que jamás he visto una persona que irradie semejante ternura en estado puro — me relajaba y reconfortaba. Lois, una esposa no alcohólica, me enseñó sobre el amor. Pero esa es otra historia.

Me hicieron sentir bienvenida, aun así, ¿acaso noté un destello de incertidumbre? ¿Sólo una leve cautela, una cierta desconfianza de parte de estos hombres acerca de que pudiera ser realmente uno de ellos? Sí, ya que algunas de sus preguntas así lo revelaban. Era, por lejos, la persona más joven allí. Y era mujer. Yo estaba relativamente bien vestida, en ese momento estaba confinada en un sanatorio privado bastante costoso (ellos no sabían que yo estaba en la pobreza total y estaba ahí "becada", gratis) y, obviamente, tenía "buenos" antecedentes — bien criada, con buena educación y, aparentemente, reunía las especificaciones para esa etiqueta anticuada de "una dama". Esas cosas, por lo general, no se asocian con una mujer borracha, incluso en la mente de hombres borrachos. Esto lo sabía por experiencia propia.

Así que me identifiqué, y me descubrí contando la realidad cruda acerca de mi hábito de beber, como jamás hubiera sido capaz de hacerlo, incluso con mi doctor. Observé la leve inhalación, la forma en que abrían los ojos, cómo se replegaba, aunque latente, la sospecha de algunos de mis interrogadores. Sin embargo, para varios de ellos pasé la prueba. Me aceptaron en la reunión como una auténtica alcohólica y, en consecuencia, como participante calificada. Había una cantidad de no esposas y amigos presentes, ya que esa noche era toda una ocasión: se exhibía la primera copia impresa y encuadernada del libro Alcohólicos Anónimos. Supe que me habían aceptado cuando me pidieron que firmara la copia junto con el resto. Además, supe que me habían aceptado cuando me encontré hablando casi exclusivamente con los hombres que eran alcohólicos. Me rodearon y me hicieron tantas preguntas, que comprendí que, en realidad, era una rareza — yo misma era un suceso.

Tan pronto como decentemente pude, pregunté por la mujer cuya historia estaba en el libro. Era mucho mayor que yo, y tenía hijos grandes. Se llamaba Florence. Nadie parecía conocerla, excepto Bill y Lois, ya que se encontraba en Washington, donde uno de los primeros miembros del grupo, un hombre llamado Fitz, quería comenzar algo. Él estaba pasando por un momento muy difícil, porque todos los candidatos, incluso Florence, seguían emborrachándose. Oré en silencio una plegaria en agradecimiento a que ella se hubiese mantenido sobria el tiempo suficiente para escribir su historia — para mí. Bill dijo que ella y Fitz regresarían a Nueva York pronto, y que podía conocerla. Había esperanzas, Bill dijo que era posible que el otro grupo en Akron pudiera tener un miembro mujer pronto — están trabajando en una. Pero acá, en Nueva York, yo tenía que enfrentar el hecho de que, en realidad, estaba sola. Era única. No me gustaba. Me había estado sintiendo sola y única por un tiempo demasiado largo. Al menos, los hombres aquí eran como yo. ¿O no?

Comencé a entender la tenue incertidumbre, el recelo, la incredulidad. Empecé a preguntarme si este programa funcionaría en mujeres. Podía lidiar con sus preguntas acerca de mis derechos al título de alcohólica —tenía las mismas características que cualquiera de ellos— pero sólo el tiempo podía lidiar con sus dudas no expresadas acerca de la capacidad de una mujer para vivir su programa de forma exitosa. Y sólo el tiempo hizo el trabajo.

El primer año fue el más duro. Tenía muchas candidatas, pero pocos resultados. Todo aquel largo verano fui a Nueva York una vez por semana a la reunión, esperando que una mujer apareciera, me encontrara, supiera que ella no estaba sola ni era única, y se quedara. Florence vino y se fue, sin que ningún contacto real se estableciera entre nosotras — ella no parecía querer hablar. Sólo la volví a ver una vez más, sobria, y luego murió de una borrachera.

Me resultó difícil convencer a los miembros más antiguos de que no era un fenómeno, la única en mi especie, y de convencer a los hombres nuevos de que existía una mujer alcohólica y de que yo era una. A los hombres nuevos con frecuencia les resultaba difícil ocultar su disgusto ante la idea, y más de una vez escuché: "¡Si hay una cosa que no puedo soportar es ver a una mujer borracha!". Simplemente no podían creer que las mujeres no pudieran evitarlo más de lo que ellos podían. La mayoría de los hombres eran maravillosos y me aceptaban por completo, como uno de ellos; pero, sin embargo, seguía habiendo una extraña soledad.

Finalmente, en octubre vino Nona, a quien había conocido cuando ingresé al sanatorio casi dos años antes. Llegó sin reservas, una muchacha callada, que no quería hacerse notar, pero estaba allí. En noviembre fui con Bill y Lois a Akron y llamé a la mujer (la borracha que estaba en cama) por la que ellos tenían esperanzas, pero no tuve más éxito que el que los hombres habían tenido. Seguí para Chicago donde vivía Sylvia — Sylvia, la que en octubre había ido a Cleveland para encontrar a AA en la casa de uno de los primeros miembros, y que había regresado a Chicago completamente sobria y llena de entusiasmo por ayudar a otros. Ahora había tres de nosotras en todo el país — pero tres es una multitud. Tres no pueden estar solas ni ser únicas, ¡y nosotras tres éramos demasiado diferentes para ser la misma clase de fenómeno!

Solíamos tener largos debates acerca de lo difícil que era ayudar a las mujeres, por qué no podían mantenerse sobrias, por qué no podían hacer que este programa funcionara. Algunos de los hombres creían que era porque las mujeres eran más deshonestas que los hombres, menos directas. "Escurridizas", esa era la palabra que usaban. Tenía que reconocer que en muchos de los casos esto era cierto, y eso fue lo que hizo que mi tarea autodesignada de acercar a las mujeres a AA fuese casi imposible. Pero yo creía que entendía los motivos de esto — y todavía pienso que son las razones que evitan que muchas mujeres tengan éxito en AA. Tenemos una doble moral en nuestra sociedad. Muchas cosas que son aceptables o que al menos se perdonan en los hombres, no lo son en las mujeres. Si bien el pedestal en el cual las mujeres usualmente se entronizaban, lentamente está descendiendo a un nivel más realístico (y muchas mujeres están bien agradecidas por este ingreso a ambientes más cómodos), lo está haciendo de forma intermitente, como un elevador caprichoso. Aún hay áreas de comportamiento que están prohibidas para las mujeres "decentes" y beber en exceso es una de ellas. Muchos hombres que son alcohólicos, y por esto han cometido cada pecado del libro, se sienten inclinados a menospreciar a las mujeres que han sufrido los mismos percances y por la misma razón. No pueden ser "decentes". Muchas esposas no alcohólicas se ven inclinadas a afirmar todavía más esta última declaración, y no quieren que sus esposos se asocien con este tipo de personas cuestionables.

Las mujeres saben esto, por supuesto, y en el momento en que la bebida muestra signos de que son diferentes, incluso de que están ligeramente fuera de control, instintivamente tratan de ocultarlo y hacen todo lo posible para disimularlo. Se vuelven maestras del engaño, en ocultar su condición y el motivo — sus botellas. Sus oportunidades son enormes si son amas de casas, como muchas lo son. Están solas y en control de su entorno durante varias de las horas en que están despiertas. Para el momento en que pierden el control por completo y las descubren, ya han elaborado un patrón de engaño que no es otra cosa más que excepcional. Semejante fantástica construcción, tan laboriosamente desarrollada durante tanto tiempo, no se desarma tan fácilmente, y se han entrenado a sí mismas tan bien para salvaguardarla y protegerla bajo cualquier circunstancia, incluso de una borrachera inevitable, que con frecuencia no pueden renunciar a esta "colorida protección", incluso cuando finalmente quieren y saben que deben hacerlo, si van a vivir.

La doble moral ha generado otro peligro para la mujer que busca ayuda en AA. Se supone que a los hombres no les importa demasiado "lo que dicen los vecinos" o "lo que Joe piensa de ti", pero a la mayoría de las mujeres sí. A las mujeres se les educa para tomar en cuenta las opiniones que otras personas tienen sobre ellas ante todo y por sobre todo. Cuando una mujer comienza a beber demasiado, y luego de forma descontrolada, esto se convierte en el fantasma principal que la acecha en los momentos de sobriedad. Desafortunadamente, el nombre de Alcohólicos Anónimos se mezcla con frecuencia en sus pensamientos ya confusos acerca de la absoluta no aceptación del alcoholismo, los alcohólicos y todo lo que tiene que ver con ambas cosas, hasta de las personas que esa mujer conoce, y cuyas opiniones acerca de ella ha aprendido a valorar por sobre todo lo demás. ¿Cómo puede ir en contra de todo lo más preciado a lo que se aferra y colocarse esta etiqueta tabú? Lo mejor es esconderse en las entrañas de la tierra, o en el fondo de una botella.

Finalmente, existen ideas equivocadas acerca de una época anterior más remilgada, cuando sólo las "mujeres perdidas", eran las que bebían; por lo tanto, las mujeres que bebían eran "mujeres perdidas", y si bebían muchísimo, eran "mujeres perdidas". La letra escarlata pendía como un terrible obstáculo ante muchas mujeres que con desesperación necesitaban lo que AA tenía para ofrecerles. Y, podría agregar, que la letra escarlata ha quedado fijada a muchas alcohólicas inocentes —cuyo único pecado (¿será?) era el alcoholismo— por mujeres, y también hombres, no alcohólicos mojigatos o temerosos. La falta de humanidad del hombre para con el hombre podría interpretar mejor la "falta de humanidad de las mujeres hacia las mujeres", en particular en las comunidades pequeñas de nuestro civilizado país.

Éstas, creo, son algunas de las razones válidas acerca de por qué el crecimiento del número de mujeres en AA era penosamente lento al principio, e incluso ahora es sorprendentemente mayor en las grandes ciudades que incluso en sus propios suburbios, sin mencionar los pequeños pueblos. Aun así, ha habido un crecimiento, y un cambio proporcional en la actitud, tanto dentro como fuera de AA. Ya que las mujeres se han recuperado y han vuelto a sus propias pequeñas y cerradas sociedades para hablar sobre eso, para enseñarles a conocer mejor, para dejar que sus propias historias se sepan con la esperanza de que puedan llegar a algún otro lugar, apartado y bien escondido como lo fue el suyo alguna vez. Las mujeres que han aceptado el programa de AA, han descubierto el coraje que Dios les dio para enfrentar a los acusadores que murmuran, y para desafiarlos; para aferrarse a su sobriedad y para construir a partir de eso una buena vida, abierta al examen más crítico; para aceptar valores nuevos que no le dan importancia a "lo que piensan —o dicen— los vecinos" y para confiar en su propia conciencia en comunión con su propio Dios, como ellos lo conciban, para el juicio de su propio mérito.

Todo esto no es fácil. Creo que es necesario decir que debido a patrones culturales y ambientales, más allá de su control, esto todavía no es lo mismo para una mujer alcohólica como lo es para un hombre. Es mucho, muchísimo más difícil, y las posibilidades de encontrar ayuda y lograr la recuperación son innegablemente menores. Aun así, ha habido una mejoría respecto de los últimos veinte años, y considero que la situación mejorará progresivamente dado que el alcoholismo se acepta más ampliamente como la enfermedad que es, y el estigma injusto desaparece gradualmente. La aceptación pública un día propiciará los cambios culturales y ambientales que están comenzando a ser evidentes. La doble moral no tiene lugar en el ámbito de la enfermedad, y nunca lo tuvo. Una vez que el alcoholismo esté firmemente establecido en ese ámbito, muchos de los viejos prejuicios contra las mujeres alcohólicas morirán de forma natural.

No obstante, es un proceso largo y lento. Cinco años después de llegar a AA en la primavera de 1944, varios de los grandes grupos de AA de Pittsburgh me invitaron a hablar en una reunión pública. Directamente me dijeron que querían que le mostrara a Pittsburgh que existía la mujer alcohólica y que se podía recuperar. A pesar de ello, transcurrieron muchos meses antes de que tuvieran a una mujer como miembro. Me han escrito grupos de todo el país para contarme que luego de cinco años de una actividad y un crecimiento intensos, todavía les faltaba tener a una mujer como miembro; hice innumerables viajes y di muchas charlas para que me conozcan y dar evidencia de la posibilidad. Esta fue la razón más importante por la que temporalmente renuncié a mi doblemente preciado anonimato (siendo mujer y, en consecuencia, vulnerable a las letras escarlatas y a una gran cantidad de otras cosas poco placenteras) cuando comencé a trabajar públicamente en este campo. Nadie estuvo jamás tan feliz de recuperar ese manto protector luego de dos años de comentarios y miradas encubiertas y burdas. Demanda una gran fe y mucha fortaleza pura ser una mujer que se declara alcohólica. Siento humildad y orgullo de mi género cuando veo los números cada vez mayores que se atreven — en aras de todas aquellas que aún no se declaran, que todavía sufren las torturas de los condenados, solas.

Las cosas cambian. Durante los últimos años de la década del 40 he recibido muchas cartas de mujeres miembros solitarias, que buscan comodidad, compañía y consejo acerca de cómo encontrar y acercar a otras. Luego, en los años 50, comenzaron a pedirme que fuera a hablar en almuerzos y cenas de mujeres de AA. Pensé que esto marcaba un punto de inflexión y que ya nadie se podría imaginar que AA era "sólo para hombres". Imaginen mi asombro y horror cuando en diciembre de 1959, veinte años y ocho meses después de mi llegada solitaria a AA, un miembro mujer de una gran ciudad del Medio Oeste, a la que yo visitaba, me contó sobre varios grupos de AA en la ciudad que no recibían miembros mujeres — rotundamente me manifestó que no querían mujeres en sus grupos. Varios hombres que estaban con nosotros corroboraron su historia, agregando, antes de que yo pudiera recuperar el aliento, que eso no importaba mucho en una gran ciudad como la de ellos, donde había cantidad de otros grupos a donde podía ir una mujer, pero que lo que les molestaba era que esto era verdad en muchas ciudades y pueblos pequeños en los que sólo había un grupo, por lo que, en efecto, esto significaba negarles Alcohólicos Anónimos a las mujeres alcohólicas.

Apenas podía dar crédito a lo que escuchaban mis oídos, pero las personas que me dijeron esto no eran alcohólicos sobrios nuevos e imprevisibles, sino miembros veteranos que conocen bien su área y con frecuencia la recorrían. Si esto es así en el Medio Oeste, bien podría serlo en tantas otras partes de nuestro vasto país, en especial en áreas escasamente pobladas, sólo conformadas por pueblos pequeños.

Allí, obviamente, queda mucho por hacer. Luego de veinte años, las mujeres que llegan a AA aún se consideran pioneras. Quienes hacen estudios estadísticos reclaman que hay sólo una mujer alcohólica por cada cinco hombres y medio. Los expedientes de las clínicas públicas de pacientes ambulatorios parecen corroborar estas cifras. Pero hay muchos médicos de la práctica privada, en la que una confidencia se considera más sagrada que el acto confesional, quienes categóricamente manifiestan que en la práctica las mujeres alcohólicas superan en número a los hombres. Ciertamente, en las grandes ciudades con frecuencia se descubre que las mujeres superan en número a los hombres en las reuniones cerradas. ¿Será que las mujeres alcohólicas encuentran más fácil mantener su anonimato en las grandes ciudades? ¿O hay más de nosotras de lo que alguna vez creímos? Una vez más, sólo el tiempo nos lo dirá. Pero espero y rezo para que no pasen otros veinte años para todas aquellas que están solas por ahí.

Marty M.
Nueva York

Aprendiendo a volar
FEBRERO DE 1992

M e llamo Sybil, y soy alcohólica. Llegué a esta comunidad en 1941 y quiero recordar con ustedes algo de los viejos tiempos, lo que yo llamo los tiempos de los carromatos.

Un par de semanas atrás mi esposo me preguntó si podía recordar mi última borrachera, y le dije: "Sí, puedo". Un día, iba manejando, deseaba llegar a casa, pero me sentía temerosa de hacerlo porque no podía enfrentar a nadie, y terminé en San Francisco. Ahora, no podía ir a casa de seguro — era el día siguiente. ¿Qué iba a hacer? Temblorosa, sudorosa, con los ojos enrojecidos, el rostro hinchado, me había quedado sin mentiras y pensé: "Si voy a casa ahora mismo, será demasiado tarde. No puedo pensar en una mentira que me cubra".

Estacioné el coche, caminé y vi este letrero: "Baños turcos El Sultán". Decidí que allí podría transpirar un poco y ponerme en forma, pero pensé que mejor leería algo. Así que me detuve en un puesto de periódicos y compré el Saturday Evening Post — costaba cinco centavos. La fecha era 1 de marzo de 1941 y en la tapa decía, "Alcohólicos Anónimos", por Jack Alexander. Estaba atónita pues había leído sobre AA en 1939 en una publicación de la revista Liberty, creo, un párrafo corto de unos dos centímetros y medio. Incluso eso me impresionó e intenté cortarlo y guardarlo, pero no lo hice. No obstante ahí estaba. Así que me llevé la revista, tomé el baño turco y, si bien me sentía demasiado descompuesta para pensar, supe que había una esperanza.

De algún modo tuve la impresión de que había un hospital o clínica de AA o algo así, pero al final del artículo decía que si uno necesitaba ayuda, que escribiera a tal y tal casilla postal en Nueva York. Toqué el timbre para que viniese el empleado del baño y le pedí lápiz y papel, un sobre y una estampilla y creo que escribí una carta más bien lastimosa a Nueva York. Escribí, "Soy una alcohólica desesperada y me tomaré el próximo avión hacia allá para tomar su cura".

La respuesta llegó unos días más tarde, por correo aéreo especial, de parte de Ruth Hock, que Dios la bendiga. Ella era la taquígrafa no alcohólica de Bill W., y lo había sido durante muchos años cuando Bill estaba en Wall Street. Y ahora aún seguía trabajando para él y era quien respondía toda la correspondencia que recibían por el artículo publicado en el Saturday Evening Post. Ella respondió mi carta y escribió, "No necesita volver a Nueva York ya que hay un grupo en Los Ángeles para toda California. Es muy pequeño y ha sido un gran esfuerzo para ellos. Se han reunido en un par de vestíbulos de hotel, pero ahora se están reuniendo en el Templo Elks todos los viernes por la noche, a las 8:30". Y agregó: "Estoy segura de que será muy bienvenida. No tienen mujeres alcohólicas en California".

Yo parecía tener una fe ilimitada de que iba a estar bien. Me vestí, pero no pude peinarme, así que me até como un turbante y oculté todo el cabello en él y fui hacia allá. Cuando llegué al Templo Elks, me indicaron que fuese hacia un pequeño comedor y me senté alrededor de la mesa junto con diez o doce hombres y un par de mujeres. Me volví invisible, si eso fuera posible, ya que todos se veían tan felices y reían y hablaban. Yo pensé: "Bueno, estos son los doctores y las enfermeras y eso", y también pensé que en cualquier momento me darían una píldora — la píldora mágica, la que todo lo cura.

Finalmente, un hombre se puso de pie y golpeó la mesa para poner orden. Y dijo: "Esta es una reunión habitual de Alcohólicos Anónimos de California. Somos un grupo de ex borrachos que nos reunimos para lograr y mantener la sobriedad en todo momento, sin reservas mentales de ningún tipo". Pensé para mí: "¡Vaya tarea!, yo no puedo llevarla a cabo". Bueno, no necesitaba llevarla a cabo esa noche. No tuve oportunidad porque el hombre continuó diciendo: "Pero como es nuestra costumbre antes de iniciar esta reunión, todas las mujeres pueden irse". Y estas dos mujeres, de las que en particular casi no me había percatado puesto que estaba desesperadamente asustada, salieron hacia el vestíbulo. Después supe que eran las esposas — en ese entonces no existía Al-Anon, y las mujeres estaban bastante acostumbradas a salir de la reunión y a esperar en el vestíbulo; regresaban más tarde para tomar café con rosquillas. Pero pensé que todo esto se había armado para que yo me fuera. Y funcionó, porque me tapé el rostro con las manos y corrí hacia el vestíbulo. Merodeé en el baño de mujeres un momento y entonces me puse histérica, me subí a mi coche, me dirigí hacia un bar y me emborraché.

Pensé: "¡Qué tan exclusivo puede ser!" para que me echaran así. Y mientras bebía y me ponía más furiosa, giré hacia donde estaban las personas en el bar y dije: "Soy miembro de Alcohólicos Anónimos". Y exclamaron: "¡Y qué!". Luego a las 2 p.m., cuando el cantinero intentaba sacarme del lugar, llamé a Cliff, quien aparece en el libro AA llega a su mayoría de edad. Cliff y Dorothy se habían estado encargando de todas las llamadas de Paso Doce para California desde que el grupo se estableció en 1939. Estaba muy indignada y les dije: "Bien, fui a su grupo esta noche y me echaron". Él dijo, "Oh no, no, estoy seguro de que no harían eso. ¿Les dijiste que eras alcohólica?" Respondí: "Claro que no. Ellos me echaron sin problema". Él replicó: "Bueno, te necesitamos, te necesitamos. Regresa, por favor. No hemos tenido una mujer alcohólica". Cuando escuché las palabras "te necesitamos" pensé: "Bueno, soy buena mecanógrafa y quizá debía ofrecer mis servicios como voluntaria". Luego dije: "Está bien, pero ahora ya he tenido suficiente de esto, quiero que envíen su ambulancia de AA". Él dijo: "No tenemos tal cosa. Regresa el próximo viernes por la noche y diles que eres alcohólica. Serás tan bienvenida como las flores en primavera".

No sé qué hice esa semana. Probablemente estuve borracha y sobria y luego borracha y sobria, pero sí sé una cosa: que fue un milagro que haya regresado, y gracias a Dios que lo hice. Pero no regresé sola, porque durante esa semana mi hermano Tex vino a visitarme. Entró a casa y tomó el folleto que Ruth me había enviado desde Nueva York, el único que AA tenía. Era un folleto de papel delgado e incluía información básica sobre los Pasos y, mientras lo leía, tenía en el bolsillo de atrás una botella de una pinta, como de costumbre. Leía y decía: "Este material es bueno, Syb. Realmente saben lo que están haciendo allí. Así que irás el viernes, ¿verdad?" Y le dije: "Así es, Tex". Entonces respondió: "Bueno, yo voy contigo". Y agregó: "Te voy a decir la verdad — el motivo por el que quiero ir. Son esos muchachos que están trabajando para mí en los barrios bajos. No puedo juntar un equipo regular". Era vendedor ambulante de verduras por aquel entonces, con un camión que salía a las cuatro de la mañana, y los borrachines a veces ni aparecían. Dijo: "Si puedo mantenerlos sobrios, ganaré mucho dinero. Así que lo que voy a hacer es llevarlos a todos allá para que los arreglen".

Por lo tanto, fue con miedo y temblando que esperé con ansias ese viernes por la noche, ya que Tex estacionó frente a casa su ca-

mión de verduras y parados atrás había once borrachines. Me trepé
a la cabina del camión con Tex y allá fuimos hacia la reunión. Había
algunas personas más esa semana; sin embargo, todo el impacto del
Saturday Evening Post no había surtido efecto. Pero tuve que escuchar que leyeran los Doce Pasos, y el capítulo quinto.

Al concluir la reunión, Frank R., Dios lo bendiga —fue mi padrino, al igual que Cliff— extendió el brazo y tomó un manojo de
correspondencia que había llegado por el artículo. Cientos de cartas
de alcohólicos. Observó a la pequeña multitud que conformaba Tex
y sus borrachines, y a mí y como a otros quince, y dijo: "Bueno, ahora tenemos que hacer que todos estos borrachos vengan el próximo
viernes por la noche. Así que vamos a tener que dividir esta multitud en secciones. Y, si hay alguien aquí del Condado de Riverside,
acérquese por favor y tome estas llamadas de Paso Doce". Tex pasó
al frente y Frank le entregó 40 o 50 de las cartas para que las leyera
y respondiera a los alcohólicos que pedían ayuda. Luego dijo, "¿Hay
alguien de la zona de las playas?". Un muchacho levantó la mano,
Curly, de Long Beach, y recibió 40 o 50 cartas. Y esto continuó: Pa-
sadena, Santa Mónica y un muchacho de Fresno, uno de Santa Bár-
bara, etc., hasta que quedó un montón de cartas, aproximadamente
una quinta parte de ellas.

Después agregó: "He estado reservando esta pila para el final
porque ahora tenemos una mujer alcohólica. Se llama Sybil. Acér-
cate, Sybil. Te dejo a cargo de todas las mujeres". Tenía que ser honesta. Me acerqué y dije: "Bueno, quizá esté borracha el próximo
viernes. Siempre lo he estado". Y luego agregué: "¿Qué van a hacer
esta noche? ¿Qué me van a decir que haga que sea diferente? ¿Para
que cuando salga por esa puerta, durante la semana que ando por
ahí, por mi cuenta, no sienta esa ansiedad y las palmas de las manos sudorosas?" Dije, "¿Qué será diferente? Tienen que hacer algo
esta noche. ¿Cómo puedo mantenerme sobria durante una semana?
Quisiera poder ir a tocar timbres y traer a todas esas borrachas aquí.
Pero no he leído el Libro Grande". Frank dijo: "Lo sé". Agregué:
"Para ser franca, no he leído su folleto. No me he sentido lo suficien-

temente bien para leer". Frank dijo: "Lo sé. No esperamos que sepas demasiado". Pero agregó: "Me preguntaste cómo podías mantenerte sobria hasta el próximo viernes. Ahora te diré que la respuesta está en ese Libro Grande que no has leído. En algún lugar de ese Libro Grande dice que cuando todas las otras medidas fallan, trabajar con otro alcohólico salvará el día. Ahora te voy a decir de manera sencilla lo que debes hacer. Toma esta canasta de correspondencia y mañana por la mañana comienza a tocar timbres, y cuando la muchacha abra la puerta le dices: '¿Tú escribiste esta carta pidiendo ayuda por un problema con la bebida?' Y cuando te diga: 'Bueno, sí lo hice', le contestas: 'Pues yo escribí una similar la semana pasada y me respondieron. Fui hasta allá y les eché un vistazo. No descubrí cómo lo hacen, pero lo están haciendo y se ven bien. Entonces si quieres dejar la bebida tanto como yo quiero dejar de beber, ven conmigo y lo descubriremos juntas'".

"¡Oh!", dije, "creo que puedo hacer eso bien". Así que tomé la correspondencia y me la llevé a casa y cuando a la mañana siguiente estaba preparándome para subir a mi coche y comenzar a tocar timbres, llegó mi hermano. Me dijo: "Voy a salir contigo por diversión". Bueno, no fue por diversión. Hicimos todas esas visitas y de 50 quizá logramos una docena o más. Algunas de las cartas eran de caseras que querían que el muchacho que vivía en el piso superior no hiciera mucho ruido los sábados por la noche y, en algunos casos, resultaba que era la esposa la que había escrito por un esposo alcohólico, y allí Tex servía de ayuda. Y algunas otras eran de mujeres que querían ayudar.

Llevamos a varias mujeres y algunos hombres. La reunión creció — y lo que quiero decir es que proliferó. Pero, esto es lo que sucedió. Frank había dicho: "Te dejo a cargo de todas las mujeres". Bueno, para mí era como un letrero de neón que prendía y apagaba, "a cargo, a cargo, a cargo". Y podía ser algo grande en verdad porque Frank y Mort me dieron una libreta y dijeron: "Ahora anota todos los nombres de las mujeres y luego les consigues una madrina. Y la madrina se debe reportar contigo. Luego, cuando mires tu libreta, sabrás a quién llamaste. Tendrás el informe. Ese es un buen sistema". Y lo tomé muy en serio porque yo iba al grupo base —ahora teníamos doscientas, trescientas, cuatrocientas personas quizá, micrófono y todo— y mientras las cuarenta o cincuenta personas llegaban y se sentaban, yo pensaba: "Allí está Eva que eligió a Bonnie, y Bonnie eligió a fulana, y Fran..., etc." Era perfecto, hermoso. Entonces le decía a Frank y a Mort que estaba funcionando bien, y ellos me decían: "Que bueno. Estás haciendo un buen trabajo".

Pero una noche, fui al grupo base y vino una muchacha por el pasillo, y con ella había seis extrañas a las que no me habían presentado. Yo caminé hacia ella y dije: "¿Dónde conseguiste esas mujeres? Sabes lo que Frank y Mort van a decir sobre el sistema". Ella respondió: "¡Al diablo el sistema! Tengo amigas que tienen problemas con la bebida al igual que yo, y descubrieron que había dejado de beber y que me mantenía sobria. Me preguntaron cómo lo estaba logrando, y les dije que me había unido a AA. Luego dijeron: '¿Puedo ir contigo?', y yo les dije que sí". Ella agregó, "Es tan simple como eso, y siempre que alguien quiera venir conmigo a una reunión de AA por un problema con la bebida, esa es la forma en que lo haré y jamás me volveré a reportar contigo".

Bueno, cuando me dijo eso, los ojos se me llenaron de lágrimas y no pude salir de allí lo suficientemente rápido. Quería correr hacia Huntington Park y contarle todo a mi hermano Tex. Pero él no estaba allí, ¿saben por qué? Lo habían excomulgado porque había formado un grupo. Las autoridades, que son los muchachos del centro, llamaron a Tex para darle una reprimenda y le dijeron: "Tex, desarma el grupo. ¿Dónde quedó tu lealtad al grupo base?" Él les respondió: "Soy leal al grupo base, sólo que estoy cansado de buscar muchachos en Long Beach y conducir 35 millas hasta Los Ángeles, así que armé un grupo a mitad de camino. Algunos de mis muchachos están aquí conmigo esta noche. Vengan ustedes a nuestro grupo el próximo viernes por la noche y luego vamos nosotros, y así nos turnamos". Ellos replicaron: "No, estás excomulgado", y Tex se rio y no paró de reírse.

Aproximadamente un mes más tarde lo llamaron. Tuvieron una reunión de comité y le preguntaron si había decidido desarmar el grupo y él les dijo: "No. Me va fantástico. Traje a varios de mis muchachos conmigo esta noche y ustedes son bienvenidos si quieren asistir a mi reunión. Es una reunión participativa donde todos los alcohólicos hablan". Bueno, en el grupo base tuvimos dos oradores durante dos años: Frank y Mort. Entonces ellos dijeron: "Suponíamos que ibas a decir eso, así que hemos incorporado Alcohólicos Anónimos en California". Y lo habían hecho. Quienes todavía están allá te lo podrán decir. Nos reímos de eso por casi un año, hasta que Tex comenzó a visitar el grupo base y los miembros del grupo base empezaron a visitar al Grupo The Hole in the Ground (Pozo en la Tierra) — lo llamaban así porque se reunían en un sótano.

Tex me recomendó que renunciara a mi trabajo que era estar a cargo de las mujeres. Me dijo: "Diles que estás muy ocupada ayudando a tu hermano con su grupo y sugiéreles que se consigan su propia secretaria". Lo hice, pero cómo dolió. No obstante, había sido bueno para mí en su momento porque yo no tenía ningún tipo de ego. Mi ego estuvo hecho añicos durante muchos años, y fue bueno sentir que me querían y necesitaban, y que tenía este trabajito. Fue bueno para mí en ese momento y estuvo bien que renunciara.

Varios años más tarde me llamaron y me pidieron que fuera para desempeñarme como secretaria ejecutiva de la Oficina Central de Alcohólicos Anónimos en Los Ángeles, y lo fui durante doce gloriosos años. Así que ya ven, en AA pasas una nueva página y todo vuelve a comenzar. Quiero ser un principiante — esta cuestión de la antigüedad es pura tontería. Todos somos polluelos aprendiendo a volar.

Sybil C.
Los Ángeles, California

Aún activa después
de todos estos años

MARZO DE 2007

M i fecha de sobriedad es el 23 de marzo de 1960. Tenía 33 años cuando logré la sobriedad — una verdadera jovencita en aquel momento, y una de las pocas mujeres en AA de la Península de San Francisco. Trabajaba con una mujer, Kay, que se acababa de mudar desde Iowa y cuyo esposo había estado sobrio durante tres años. Me quería como excusa para que su esposo fuera a una reunión porque no había estado yendo y ella temía que volviera a emborracharse. Kay me llevó primero a una reunión de Al-Anon y fue un desastre. Yo estaba borracha y ellos no dejaban de decirme que yo pertenecía a la reunión de AA de la puerta de al lado. Si bien yo había bebido diariamente durante los últimos cinco años y, en ocasiones, daba clases borracha en la escuela dominical, no entendía por qué necesitaba AA. Kay y yo bebíamos juntas luego del trabajo y ella continuaba diciendo que yo debía ir a AA. Yo seguía diciendo, "¿Qué es eso? ¿Qué es AA?". Jamás lo había oído mencionar. Ella sólo me decía que era un programa y no agregaba nada más.

La primera reunión de AA a la que Kay me llevó fue en San Carlos, un miércoles por la noche, y yo estaba borracha. Me puse de pie e intenté decir algo y John F. me pidió que me callara y me sentara. Estaba a punto de agarrarme a puñetazos con él allí mismo, pero intuí que quería algo para mí y no algo de mí, así que escuché y decidí darle a esto una oportunidad. Había pocas mujeres en la Península en 1960, pero en aquella reunión había una mujer, Eve y su esposo Millard, y ambos estaban sobrios. Le pedí que fuera mi madrina. Ella sólo tenía seis meses, pero nadie tenía mucho tiempo de sobriedad. Siendo alcohólica, me emborraché al día siguiente. El viernes llamé a Kay y a Eve a cada hora en un esfuerzo por no beber antes de la reunión aquella noche. Logré llegar sin tomar un trago y esa noche me reuní con Eve y Millard en el Grupo de Palo Alto de los viernes por la noche. Este grupo se volvió mi grupo base y no he tomado un trago desde entonces.

Siendo una principiante, yo era muy ingenua. Estuve sobria seis meses antes de saber que las personas tienen recaídas. Sólo pensaba que cuando ibas a AA con eso bastaba. Las personas viajaban por negocios y nadie sabía si volverían sobrios. En ocasiones, hacían apuestas — como con aquel compañero que tenía que ir a Nueva York por negocios y nosotros no sabíamos si lograría regresar sobrio. Volvió sobrio, y permaneció sobrio hasta que falleció, que no fue hace mucho.

El Grupo de Palo Alto de los viernes por la noche se reunía, y aún lo hace, en el Centro Comunitario de Palo Alto. Es una de las reuniones más antiguas en los Estados Unidos que se realiza en el mismo lugar. Estoy segura de que hay otras reuniones antiguas, pero ésta tiene un récord de tiempo de celebración en el mismo lugar.

No le poníamos nombres a los grupos de la forma en que lo hacemos en la actualidad porque sólo había una reunión por pueblo. Había sólo nueve reuniones por semana desde Palo Alto hasta el Sur de San Francisco. La duración más larga de sobriedad en la Península fue de tres años aproximadamente. Hubo un hombre que logró la sobriedad en 1944 cuando AA comenzó en Palo Alto, pero bebió y no pudo recuperarse durante muchos años. Yo asistí a reuniones en toda la Península. Tenía miedo de perderme algo si no iba, así que iba cada noche. Mi esposo, que aún bebía y no quería dejar de beber, no quería que yo fuera a las reuniones, pero yo iba de todos modos. Después de un tiempo nos divorciamos.

Si bien yo vivía en la Península, había crecido en San Francisco y mis padres aún vivían allá. Mi padre era alcohólico y una vez lo llevé a una reunión en el viejo Club Alano, sobre la calle California. Estacionamos colina abajo y, por supuesto, él había estado bebiendo. Luego de subir esa colina muy empinada, tuvimos que subir muchos escalones hasta llegar a la reunión. Le dije que se trataba de tener la voluntad de hacer lo imposible. Por supuesto él no quería saber nada con eso y, desafortunadamente, nunca logró estar sobrio. En cambio, terminó en un manicomio, donde ponían a los alcohólicos en aquellos días, y le aplicaban tratamientos de choque.

Llevar el mensaje era una gran parte de la sobriedad de todos y pusimos un aviso en el periódico con un número de teléfono para que las personas que estaban teniendo problemas con la bebida llamaran a AA. Un servicio de respuesta tomaba las llamadas y luego nos llamaban a uno de nosotros. Siempre teníamos que asegurarnos de que la lista que tenían estuviera actualizada porque mucha gente entraba y salía de AA. Antes de que yo lograra la sobriedad, había visto ese aviso en el periódico y me apresuraba a dar vuelta a la página porque no sabía nada acerca del alcoholismo. Había tenido un tío que falleció en los barrios bajos en 1937, pero todo el mundo lo llamaba borrachín — nadie sabía nada sobre el alcoholismo, como se sabe en la actualidad.

Mi primera Convención Internacional fue durante el fin de semana del cuatro de julio de 1960 en Long Beach, California, a la que asistieron aproximadamente 5,000 personas. Tenía sólo unos pocos meses sobria y me sentía emocionada de poder ir. He asistido a toda Convención Internacional que se organizó desde entonces. Conocí a Bill y a Lois en esa primera convención; ellos estaban en todas partes y muchos pudieron conocerlos e interactuar con ellos de forma directa. Compré un libro de recuerdo en la convención de 1960 y muchos de los primeros AA me lo firmaron. Esto incluyó a muchos de los primeros 100 borrachos. Luego de regresar de la convención, le estaba mostrando el libro a un caballero en mi grupo base del que yo era secretaria, y él me preguntó si podía llevárselo y leerlo. Jamás lo volví a ver, ni a él ni al libro.

Vi a Marty M. muchas veces en aquellos primeros años de mi sobriedad. Ella venía a San Francisco con un grupo de alcohólicos para reunirse en el auditorio de la Escuela Secundaria de Comercio, donde tenían un panel para responder preguntas sobre el alcoholismo.

Los alcohólicos que conformaban el panel eran, por lo general, ex borrachos de los barrios bajos que se habían recuperado en AA. La mayoría de las personas que llegaban por entonces eran borrachos que habían tocado un fondo muy bajo. En ocasiones, contaban las historias más graciosas y nos reíamos hasta que las lágrimas rodaban por nuestros rostros. Esa era una de las cosas que me atraía de AA al comienzo — el humor y la risa.

En 1965, en Toronto, la comunidad era mucho más grande, y Bill y Lois no podían reunirse con todos. Ya estaban mayores y no tenían la misma energía que en el pasado, sin embargo aún estaban cerca. Conocí a Nell Wing en la Convención de Montreal en 1985. Fue la secretaria personal de Bill durante 42 años y luego la archivista no alcohólica de la O.S.G. Para darles una idea de cómo la comunidad ha crecido, en el año 2000, en la Convención de Minneapolis hubo aproximadamente 70,000 personas, comparado con las 5,000 de 1960.

Visité a Lois en Stepping Stones, en 1983, cuando acababa de regresar de la India. Ya tenía 90 años por entonces y aún se veía fuerte. También visité a Nell durante ese viaje y la volví a ver cuando vino a San Francisco a principios de los 90, justo después de haber publicado su libro "Grateful to Have Been There" ("Agradecida por haber estado allí").

En 1961, Sonia, quien había logrado la sobriedad en 1957, se mudó desde San Diego. Rosa B., la esposa de Jimmy B., que quería "God as you understand Him" ("Dios, como usted lo concibe") publicado en el Libro Grande, era su madrina. Después de mudarse aquí, comenzó una reunión de mujeres los martes por la noche. Hubo mucha controversia cuando comenzó esa reunión. Las reuniones de los Pasos y las reuniones del Libro Grande eran desconocidas en aquel entonces. Yo leí el Libro Grande, por lo tanto sabía acerca de los Pasos y los ponía en práctica lo mejor que podía, pero las reuniones de literatura tardaron en comenzar. Nada llegaba fácilmente — había controversia por todo lo que fuera diferente.

He estado activa en AA durante toda mi sobriedad. En la actualidad, soy secretaria de una reunión de oradores que se realiza los días
domingo. Desde el principio me alentaron a mantenerme activa y
durante los últimos 45 años eso es lo que he intentado hacer.

El programa de AA es vida para el alcohólico, y la vida es mejor
cuando te mantienes sobrio.

Mary W.
Mountain View, California

CAPÍTULO TRES

Los despertares espirituales

El camino hacia el destino feliz.

"¿Es la sobriedad todo lo que podemos esperar
tener de un despertar espiritual?...
No, la sobriedad no es sino el mero comienzo."
— *Como lo ve Bill, Pág. 8*

E l alcoholismo es una enfermedad solitaria. Puede que estemos rodeados de gente, pero, tarde o temprano, nuestra adicción abre una brecha entre nosotros e incluso nuestros seres queridos más cercanos. Las historias en este capítulo relatan experiencias de mujeres alcohólicas que han encontrado una nueva libertad y una nueva felicidad en esta forma de vida espiritual que ofrece Alcohólicos Anónimos.

Una vida difícil, un sentido de no pertenencia, complejos, tristezas y prejuicios que no la dejaron ser feliz hasta que probó su primera bebida, la que le dio falso valor, le quitaba la timidez, engrandecía sus alegrías y adormecía sus sentimientos. Todas las historias de este capítulo narran a mujeres que cayeron, como nos cuenta María de Jesús, en "Las garras del señor alcohol" y presas de su infierno.

Natalia nos cuenta sobre la crisis que la llevó a su primera borrachera y diecisiete años de alcoholismo. Una contradictoria lucha entre la "felicidad" que le daba la bebida en su vida diaria y la angustiante realidad detrás de una obsesión que no podía frenar, al punto de querer quitarse la vida. Hoy Natalia entiende con gratitud el Primer Paso y nos cuenta cómo su vida dio un giro inesperado y que hoy, con orgullo, puede decir "Me llamo Natalia y soy alcohólica".

En "El sano juicio", Isabel, una mujer llena de heridas, incluso una violación y un padre alcohólico, escribe cómo continuaba desafiando al alcohol: "Perdí toda mi dignidad como mujer, pero eso no fue suficiente, continuaba queriendo controlar mi forma de beber, creía que algún día podría hacerlo sola".

Este capítulo contiene historias conmovedoras de mujeres que encuentran un resplandor de esperanza en AA, y están dispuestas a seguir esa luz que empieza a iluminar su vida.

Las garras del señor alcohol

SETIEMBRE/OCTUBRE 1999

No considero que haya sido feliz en mi niñez ni en mi adolescencia, pues creo que nací con una susceptibilidad que siempre me hizo padecer mucho. Pese a que lo tenía todo, me sentía perturbada por miles de complejos y prejuicios. Con excesiva timidez siempre evitaba los grupos. Llena de dudas e inseguridad en mí misma, continuaba mi existencia con una profunda sensación de no pertenecer a la generación ni a la época en que me había tocado vivir.

A los veinte años comencé a probar la bebida alcohólica y, sin darme cuenta, fui encontrando afinidad en ella, porque me agradaba que me quitara todas aquellas perturbaciones que tanto entorpecían mi relación con la gente. Como yo tocaba guitarra, me reunía en casa con un pequeño grupo de amistades y mientras tocaba no faltaba la botella de vino que nos acompañara. Con el paso de los años aumentó mi consumo de licor y la frecuencia con que lo hacía. El alcohol fue invadiendo otras áreas de mi vida y, al cabo de quince años de haberme tomado la primera copa, lo relacionaba a todo. Si recibía una alegría, mi mente me pedía beber para engrandecerla aún más. Si me hallaba estudiando en forma colectiva en casa con vista a pruebas en la facultad, no podía faltar el alcohol que me acompañara y me produjera un falso valor. Ya no sólo eran los fines de semana, bebía a escondidas en mi oficina pues me ofrecía una falsa seguridad que necesitaba.

El alcohol fue adormeciendo mis sentimientos, y le perdí el amor a todo. Mi dependencia continuaba creciendo, mi carácter cada vez era más irascible y decrecía en dominio propio. Mis amistades y mi familia se daban cuenta de mi inclinación al alcohol y del daño que me estaba causando, pero yo continuaba ciega y empeñada en que era capaz de controlar mi manera de beber.

Hacía muchos años que había sacado a Dios de mi vida, y no me di cuenta de esto hasta que comencé a frecuentar la iglesia, después de muchos años de ausencia. Comprendí que había perdido la fe. Pese que aún estaba esperanzada de que podía controlarme, le pedía a Dios que me ayudara, porque a través de muchos golpes fui razonando que el alcohol me estaba trayendo problemas. Sentí que Dios no me escuchaba. Aunque lograba distanciarme de la bebida por períodos de meses, no importaba; los resultados cada vez eran peores.

Llegué a darme cuenta que siempre que me brindaban licor me resultaba imposible rechazarlo. Y cuando me lo brindaban bastaba con que el pensamiento de beber me pasara una sola vez por la mente para que yo corriera compulsivamente en su búsqueda.

A pesar de que le prometía a mi madre una y otra vez que no volvería a sucederme, esas promesas, aunque las hacía de todo corazón, nunca pude cumplirlas. Ignorante de mi enfermedad, me frustraba el sufrimiento que le causaba a mi familia y que yo, siendo culpable de ello, era incapaz de renunciar a mi manera de beber ni tan siquiera por el sagrado cariño que siempre le había profesado. Me aniquilaban torturantes preguntas como: "¿A dónde habían ido a parar mis más nobles sentimientos?". Ya no era yo. Alguien muy maléfico estaba gobernando mi vida.

Aparecieron las lagunas mentales, mi temor comenzó a crecer porque con ellas comprendía que ya no tenía ni la menor voluntad para enfrentarme al alcohol. Sabía que no era dueña de mi vida y cuando comenzaba a beber me asaltaba el terror de ¿dónde y cómo iba a terminar? Cansada de luchar en su contra los últimos ocho años de mi alcoholismo activo, y perfectamente convencida de que ya no tenía la menor capacidad de vencerlo, sumado al otro conocimiento de que en medio de aquella muerte espiritual ni Dios mismo podía hacer nada por mí, en mi última borrachera, sintiendo que me aplastaba algo que me sobrepasaba en fuerza y poder, que sólo acierto a definir como un "monstruo", en medio del doloroso llanto de saberme totalmente sin salvación, le dije a mi madre que se encontraba a mi lado sumada a mi dolor: "¡Voy a postrarme de rodillas ante el Santísimo y no me voy a levantar hasta que Él me sane!". Ese fue el último día de mi alcoholismo activo. Estas palabras me brotaron de lo más profundo de mi ser y sólo Dios es testigo de que estaba totalmente dispuesta a hacerlo con tal de sentir algún cambio en mí sin importarme los días que hubiera tenido que permanecer en esa posición.

Al día siguiente mi hermana —que en paz descanse— concertó una cita con el siquiatra. Cuando acudí a él me dio a leer el folleto "AA para la mujer". Me identifiqué con algunos testimonios que ahí conocí y, llena de reservas de si padecía la enfermedad o no, tomé del mismo la dirección de la O.S.G de México y escribí desesperadamente pidiéndoles ayuda. Gracias a Dios no tardé en recibir la amorosa respuesta tan característica de nuestra Fraternidad. Me enviaron los libros "Alcohólicos Anónimos" y "Viviendo

Sobrio". Gracias a ellos comencé a aceptar mi enfermedad.

Al dedicarme con todo mi empeño a poner en práctica el programa, aplicándome los Doce Pasos y demás conceptos, puedo decir que hace ya tres años y medio que he dejado de llevar la vida como una carga pesada con la cual tenía que cargar sin encontrarle el verdadero valor y significado. La paz, la serenidad y el amor han llegado a mí para compartirlos con los que me rodean. Desde entonces no he dejado de sentir la amorosa mano de nuestro Poder Superior a través de AA, guiándome, ayudándome en esta enfermedad que no sólo nos afecta en el cuerpo, sino en la mente y el espíritu. Y estoy convencida hasta los tuétanos de que fue un milagro el haber salido de las garras del señor alcohol que me tenían apresadas en el mismo infierno.

María de Jesús P.
Villa Clara, Cuba

Me llamo Natalia y soy alcohólica
MARZO/ABRIL 2000

Hola amigos, me llamo Natalia y soy alcohólica. Es curioso lo natural que ahora me parece esta palabra, y lo espeluznante que me parecía en otros tiempos.

Desde que fui a AA, esta frase tan habitual: "Me llamo Natalia y soy alcohólica", es para mí el primer síntoma de mi recuperación y de la aceptación de mi alcoholismo.

Empecé a beber a partir de los veinticinco años. Fue a raíz de un conflicto familiar que me afectó mucho y me dejó profundamente marcada. Ese día, que no olvidaré nunca, me emborraché por primera vez en mi vida, y fue el comienzo de una etapa alcohólica que me duró diecisiete años.

Esos años fueron para mí una experiencia terrible. La amargura, el sufrimiento, la soledad y la incomprensión fueron la tónica habitual de ese tiempo de horror en el que perdí muchas cosas, pero la pérdida peor fue la de mi propia estimación.

El alcohol se convirtió en el acompañante inseparable de casi todas mis actividades. Bebía en las alegrías, en las tristezas, en los días de sol y en los nublados, al comenzar una nueva relación sentimental y al finalizarla, al comenzar los estudios y al terminarlos (curiosamente aprobaba en los exámenes).

En fin, tenía que beber para casi todas las actividades de mi vida. Una copa me animaba, me quitaba las tensiones, quitaba mi timidez y me convertía en una mujer brillante, o al menos eso me creía yo. Después, el tiempo me demostró que eso era un engaño.

Dejé la casa de mis padres para poder emborracharme sin testigos y sin los consiguientes reproches. Yo tenía un trabajo y podía ser autosuficiente. El hecho de vivir sola y de cambiar de ciudad no mejoró mi problema, porque el alcohol se había convertido en un problema para mí. Quería dejar de beber y no podía. Necesitaba la copa para casi todo lo que hacía.

El alcohol me impedía disfrutar de las cosas, de los amigos, de las fiestas y espectáculos, del amor y de la compañía. Estaba siempre angustiada pensando cómo me podría tomar la próxima copa sin que me vieran, tenía la sensación de no saber para qué estaba en este mundo.

Empecé a notar que los amigos se sentían mal a mi lado cuando estaba muy cargada, y decidí entonces dejar de frecuentarlos y beber sola en casa y así me convertí en una bebedora solitaria.

Cuando quería o tenía que acudir a algún acto social, llevaba en mi bolso de mano pequeñas botellas llenas de algún licor muy fuerte, para así compensar lo reducido del recipiente. Bebía a escondidas en los servicios.

Mi sistema nervioso se deterioró, el sueño comenzó a ausentarse de mis noches cada vez más largas y negras, y me empezaban a temblar las manos, y tenía que tomarme un par de copas por las mañanas (aguantando las náuseas) para que mi pulso se afirmara.

Comencé a faltar al trabajo, y al mismo tiempo empecé un largo recorrido por los centros de desintoxicación, de los cuales salía nueva y con ganas de dejar de beber, pero al tiempo volvía a engancharme. Tenía unas tremendas ganas de dejar de beber, pero no podía. El alcohol era mi dueño, mi amor, mi compañero insidioso y traicionero. Harta de sufrir intenté suicidarme en dos ocasiones. Me salieron mal las dos tentativas y acabé resignándome a vivir bebiendo, y a morir también, enganchada a una botella.

Me convertí en una bebedora cíclica, largos períodos de abstinencia, en los cuales intentaba normalizar mi vida, para acabar inmersa en el alcohol antes o después.

En uno de esos períodos de sequedad, estaba yo con unos tremendos deseos de beber y estaba cavilando si bajar al bar por una botella, o cortarme la yugular, pues sabía cómo hacerlo para que esta vez mi muerte fuera segura, y así terminar de una vez con mis sufrimientos, cuando entre estas dos opciones me vino a la mente una tercera opción. Me la había insinuado uno de mis muchos psiquiatras que habían intentado sin éxito solucionar mi adicción al alcohol. ¿Por qué no vas a Alcohólicos Anónimos?, funciona bastante bien…, ni qué decir, en el momento en que me lo sugirió, yo no hice ni caso. Me parecían una pandilla de mendigos y desarrapados, que dormían debajo de un puente y guardaban la botella en el bolsillo de la gabardina. ¡Qué equivocada estaba!

Pero sigamos con el día en que yo andaba desesperada dudando entre quitarme la vida o bajarme por una botella.

Al venirme a la cabeza esta sugerencia del psiquiatra, pensé ¿por qué no? Ya no tienes nada que perder y quizá estas personas te puedan decir algo que te sirva, a peor ya no puedes ir, y tú ya no puedes más. Después me enteré que eso significaba que había "tocado fondo".

Así que llamé por teléfono; me contestó un miembro de AA que habló largamente conmigo y me animó a ir esa misma tarde a mi primera reunión de AA.

Y así se produjo la mejor circunstancia que me ha ocurrido en la vida. Me recibieron de manera cálida y ya en la primera reunión me sentí bien entre ellos.

Eran personas que sentían de manera parecida a la mía, estaban sonrientes y, al parecer, habían alejado el alcohol de sus vidas.

Yo, que hasta ese momento veía mi horizonte totalmente negro, intuí que quizá algún día podría sentirme tan bien como ellos.

De aquella primera reunión saqué tres cosas en claro: la primera, que se podía dejar de beber — cosa que yo deseaba con todas mis fuerzas; la segunda, que tenía que hacerlo sólo por 24 horas; y la tercera, que era un requisito indispensable acudir a las reuniones de AA, porque una no puede dejar de beber sola, algo que yo sabía de sobra.

Así que, como ya nada tenía que perder, estuve acudiendo diariamente a las reuniones de AA durante mucho tiempo. Aprendí a compartir con los otros alcohólicos, a hablar contando mi historia alcohólica y no alcohólica.

Poco a poco mi sueño se fue normalizando, mi sistema nervioso también, y un buen día me di cuenta que ya no tenía ganas de beber. Empecé a reírme junto con los AA. Mi optimismo creció, mis relaciones sociales empezaron a mejorar, veía el sol y empecé a sentir eso que llaman "alegría de vivir".

Han pasado algunos años, y cada vez me siento mejor. Estoy contenta, he aprendido a vivir lo que me depara el día en sus 24 horas, sin angustiarme por el pasado ni por el futuro.

Hoy puedo alternar con los amigos sin necesidad de llevar una botella escondida en mi bolso. Y aunque en la vida sigue habiendo momentos buenos y malos, cuando tengo algún día negro me digo a mí misma: "Cuando bebías todo era mucho peor". Mis perspectivas del futuro son totalmente distintas. Ahora lo veo bajo otro prisma.

En AA encontré amigos sinceros, encontré comprensión y ayuda sin pedirme nada a cambio. Sigo acudiendo de vez en cuando a las reuniones de AA para ver a los antiguos amigos de allí, con los cuales comparto y me identifico. Mi vida ha cambiado y nunca dejaré de bendecir el momento en que pisé aquel lugar donde se reúnen los AA. Es lo mejor que me ha ocurrido en los muchos años que ya tengo, y quiero dejar este mensaje de esperanza para todos aquéllos que aún están sumidos en el infierno del alcohol.

¡Amigos: se puede dejar de beber y disfrutar de una vida plena!

Natalia P.
Madrid, España

Bastaba un granito de fe
SETIEMBRE/OCTUBRE 2006

Mi Poder Superior me ha premiado en grande. Tengo poco más de cuatro años en esta comunidad de AA y estoy viviendo una forma de vida totalmente desconocida para mí. Dios, como yo lo concibo, me ha mandado una preciosa nena, que es ahora mi nueva oportunidad de ser la mamá que hubiera querido ser. A mis cuarenta y tres años, y después de haberme operado para no tener más familia, jamás me hubiera imaginado que tendría más hijos. Pero bien dicen que Dios tiene la última palabra.

Llegué a un grupo acompañada de un amigo con el que bebía. Yo no quería entrar sola porque pensaba que me iban a criticar por ser mujer, ya que sólo se veía hombres. Era un cuarto viejo; no había sanitario ni agua, pero el calor con el que fui recibida abarcaba cualquier cosa que pareciera faltar. Ese día fue dedicado a mi amigo. Él no quería entrar, así que cuando le dedicaron la junta y le dijeron "qué bueno que lo acompaña su esposa", mi amigo me apretó la mano, como diciendo: "Es para ti, no para mí".

A la siguiente junta me puso pretexto para no acompañarme, así que respiré profundo y me fui sola.

Llegué temprano porque me daba vergüenza entrar y que me vieran llegar sin el borracho. Pero nadie se sorprendió de que fuera alcohólica, así que esa noche se volvió a repetir lo que pasó la anterior, pero esta vez hacia mí. Hacía tres días que había parado de beber y me había propuesto buscar a alguien que me dijera cómo dejar de sufrir.

Temblaba y me sentía la cara seca. Tenía hambre, pero no podía comer. Había estado tomando muchos días seguidos y no sabía qué pasaría después, pero ya le había pedido a ese Dios castigador que me ayudara. La ayuda llegó, pero cuando escuché que el programa debía aplicarlo toda la vida, pensé que sería muy difícil, ya que yo solamente buscaba cómo hacerle para dejar de sufrir y ya no emborracharme.

Llevaba muchos años tomando y sufría de lagunas mentales desde que tomé la primera vez. Estuve en la cárcel del condado la primera vez cuando tenía 24 años y, de ahí, fueron varias más. Perdía los trabajos porque faltaba mucho, y es que la cruda moral y física me tumbaban emocionalmente. Aun así seguía bebiendo. No sabía cómo parar. Miraba el sufrimiento y el enojo de la familia y, aunque me daba vergüenza, seguía igual. Tenía ya un divorcio y dos hijas que no alcanzaban a entender nada. Las veía sufrir y no me gustaba la vida que llevábamos. Entonces, hacía promesas de no volver hacerlo. Pero es bien sabido que no se puede dejar de beber bebiendo. Le pedía a Dios que me ayudara, y cuando volvía a tomar, pensaba que ya no me escuchaba, porque me castigaba. Me sentía mala y sucia.

Manejaba borracha, quedaba mal con quienes me daban trabajo, hacía promesas que no cumplía, y con todo eso quería que los demás me entendieran y me quisieran. El último año, antes de llegar a Alcohólicos Anónimos, puedo decir que fue el peor, pero también fue el que me llevó a buscar ayuda. Habiendo tocado un fondo de ya varios años, y sin esperanzas de recuperarme, llegué a aquel lugar. Sólo bastaba un granito de fe, el deseo de dejar de beber, y la mano amorosa de AA.

El que todo lo puede, abrió una puerta que yo mantuve cerrada todo ese tiempo. Cuánto tiempo de sufrimiento pude haber ahorrado a mí y a mi familia. Llegué a la edad de 39 años, con cuatro hijas, dos divorcios y muchas penas causadas a terceras personas. Cómo me iba a imaginar que podría recibir tanto, sólo por aceptar que padezco de una enfermedad incurable y que sola no puedo. Nunca pude.

Hoy, por la gracia de Dios, estoy intentando mantener una familia estable, y con la ayuda de mi pareja, que es también alcohólico en recuperación, tratamos que nada del ayer se repita. Mis hijas nunca perdieron la fe. Espero que nunca sigan el ejemplo que les di, y que no tengan que avergonzarse más. Le doy gracias a Dios por AA y por mi grupo base. Tengo muy buenos compañeros, y aunque no falten los desacuerdos y controversias, yo este día no bebo.

Mari
El Paso, Texas

Carta a una recién llegada
JULIO/AGOSTO 2000

Querida amiga: Quizá te sorprenda esta carta, quizá no. Hace tiempo que he oído hablar de ti, aunque no te conozco personalmente. Para mí fue una sorpresa cuando te escuché decir por primera vez que tenías problemas con el alcohol. Quizá te parezca raro o duro, pero yo sentí un poco de alegría. No porque tuvieras problemas con el alcohol, sino por las oportunidades que esto podría proporcionarle a tu vida.

Pero mi verdadera alegría fue cuando te oí decir que eras alcohólica y hablar de lo difícil que es aceptarlo y pedir ayuda. Pero lo hiciste. Y ahora eres uno de los nuestros.

Te preguntarás por qué te digo todas estas cosas, pero es porque yo también soy alcohólica y voy a cumplir siete años en el programa de Alcohólicos Anónimos, viviéndolos "un día a la vez" y han sido los mejores años de mi vida.

Yo me identifiqué contigo cuando hablaste de lo difícil que fue para ti pedir ayuda, porque a mí me pasó igual. También se me hizo difícil aceptar mi enfermedad por muchas razones. Era mujer ("los alcohólicos son hombres") y joven. Bebía mayormente los fines de semana. Bebía con mi dinero. Presuntamente no le hacía daño a nadie. Trabajaba mucho, era responsable y merecía tomarme unos tragos para alegrarme y calmar los nervios. Y así fue por muchos años. Pero yo no sabía que estaba enferma y que esta enfermedad es progresiva e insidiosa, y no terminé bebiendo en la misma forma que comencé. Ya no terminaba bebiendo tan alegre. Terminé bebiendo en la alfombra de la sala. Comencé a tener lagunas mentales y no recordaba qué había pasado la noche anterior, ni dónde o con quién había estado. Y al otro día, además de la resaca física, tenía una resaca emocional, porque sabía que me estaba haciendo daño a mí y a mis seres queridos. Entonces, traté de cambiar mi forma de beber: menos cantidad, con menos frecuencia, y otro tipo de bebida. Pero siempre terminaba mal. Quise dejar de beber y no pude. Había tocado fondo...

Pero Dios, con su divina bondad, puso en mi camino a Alcohólicos Anónimos. Llegué allí a buscar una solución a mi problema con la bebida y, para mi sorpresa, me encontré con una nueva y diferente forma de vida, de la cual hoy vivo enamorada. Hoy mi vida ha dado un giro de 180 grados en todos los sentidos. Hoy soy feliz, a pesar de los pesares. He aprendido a conocerme a mí misma. Hoy por primera vez en mis años sé lo que es tener "paz interior". Hoy disfruto cada una de las 24 horas que mi Poder Superior me ofrece todos los días. Hoy vivo para dar y me siento bien.

Ya no sufro como antes, ni mis seres queridos tampoco. No me siento orgullosa de ser alcohólica por todo lo malo que hice a consecuencia del alcohol, pero sí porque, gracias a Dios, conocí al programa de AA. Hoy sé que la vida no se compone de una lista de obligaciones, sino de una lista de oportunidades. Y quiero aprovechar cada una de ellas. A ti te acaban de ofrecer una en bandeja de plata, gratis, como tú dijiste. Ojalá te decidas a aprovecharla. Depende de ti. Te garantizo que no te arrepentirás.

Una hermana en el dolor y en la sobriedad.

Mildred V.
San Juan, Puerto Rico

Fascinada con la cordura

ENERO/FEBRERO 1997

C uando me convertí por primera vez en miembro de AA, todo lo que hice fue dejar de beber. Esto sucedió hace mucho tiempo, y era lo que la comunidad a mi alrededor aconsejaba: no bebías un día a la vez, participabas en las reuniones, y esta clase de sobriedad te permitiría resolver todos tus problemas. Mis amigos en AA, sobrios por mucho tiempo, tenían algo que yo quería, así que los imité.

Funcionó bien — por un rato. Luego, dejó de funcionar. Me puse más y más descontenta, pero lo negaba. Después de todo, estaba sobria, ¿no es verdad?

Demasiado cobarde, no bebí de nuevo, pero desarrollé una segunda compulsión que me humilló. Esta compulsión era sólo un síntoma de mis enormes problemas emocionales: estaba furiosa, llena de miedo, totalmente ensimismada, era manipuladora y deshonesta en mis relaciones, me detestaba a mí misma y al mundo y, sobre todo, era profundamente infeliz. Había creado una vida normal, viviendo como lo hacían mis iguales, cosechando triunfos en mi profesión, pero muriéndome por dentro.

A este punto me fui a vivir al extranjero, y fue en la primera reunión de AA, en ese lugar fue donde tuve lo que sólo puedo describir como una experiencia espiritual. Me imagino que estaba aterrada de la nueva situación, sola en un ámbito desconocido, y eso hizo que tuviera una actitud abierta. Escuché a la oradora compartir sus experiencias acerca de su relación con Dios (hablaban mucho acerca de Dios en esa reunión), y tenía unos ojos tan claros, tan intrépidos, emanaba tanta felicidad y satisfacción que me quedé fascinada. Súbitamente comprendí lo que me había ocurrido: no había recibido ninguna clase de tratamiento para curar las causas por las que había bebido, mi alcoholismo había regresado con un síntoma diferente.

Sentí una increíble alegría y alivio, y una ola de amor propio y aceptación. Podía ver ahora que me habían presentado las herramientas que me iban a ayudar a vencer mi alcoholismo. Ahora estoy convencida que mi "recaída" fue una reacción muy saludable. Si creo que los seres humanos son sistemas, el mío había dejado de funcionar. Me había hecho tanto daño a mí misma imponiéndome niveles de perfección, haciendo imposible que me aceptara a mí misma, y había negado todas las necesidades espirituales y emocionales, que el sistema estaba transmitiendo señales —con mi nueva compulsión— de que algo no funcionaba. Me vi obligada a ponerle atención a la situación y a tomar medidas. Podía lamentarme de los años malgastados, o podía seguir adelante con mi vida y recuperarme.

Mi verdadera recuperación empezó en ese mismo instante. Empecé a ir a AA como si estuviera recién llegada, encontré una madrina y di los Pasos en el orden en el cual aparecen.

El programa me prometía cordura, y se convirtió en algo que deseaba. Encontré gente cuerda y las busqué enérgicamente en las reuniones. Esto me proporcionaba paz mental, satisfacción y aceptación de mí misma. No tenía que seguir luchando contra el mundo sintiendo que me devoraba, no tenía que continuar siendo la Señorita Perfección que tenía todas las respuestas. Reflexionando, no tenía dudas que no podía hacerlo por mí misma. Acepté que la ayuda tenía que venir de un poder mayor que el mío. O, como escuché una vez en una reunión: "La mente no cura la mente".

Así que pensé en el poder mayor que el mío en quien quería confiar y en cuyas manos podía poner mi vida y mi voluntad. De nuevo recibí gran ayuda de aquéllos que habían estado allí antes que yo. Los que estaban bien tenían todos una relación muy personal con Dios, e ideas claras acerca de cómo era ese Dios. Escuché, hice intentos, cometí errores, y cambié mis ideas cuando era necesario. Desde hace un rato, mis ideas acerca de mi Poder Superior no han cambiado pero mi entendimiento se ha profundizado.

¿Y no ha habido problemas desde ese entonces? Sí, por supuesto. Con el paso de los años, mucho ha sucedido, las circunstancias de la vida han cambiado, y estoy envejeciendo. Encuentro un patrón de conducta que aparece una y otra vez. Cuando las cosas marchan bien, me siento satisfecha de mí misma. Orar deja de ser una prioridad, doy mi Décimo Paso superficialmente, e ir a las reuniones se convierte en una carga. Afortunadamente, mi tolerancia por el dolor autoinfligido es baja estos días, y regreso a Dios como la fuente de la cordura cuanto antes mejor. He tenido algunas experiencias espectaculares de alivio instantáneo cuando le he pedido a Dios que me quitara algunas obsesiones. Por otro lado, también he experimentado etapas cuando he tenido que pedir una y otra vez por el deseo de tener suficiente disciplina para deshacerme de pensamientos y acciones autodestructivos.

En la actualidad me parece que nada es más valioso que la cordura. Era adicta a las circunstancias dramáticas y sólo podía funcionar cuando estaba agitada y cuando tenía la adrenalina muy alta. Hoy en día es distinto. Realmente aprecio la calidad de mi vida. Vivo tranquilamente y gozo siendo otro miembro más de la raza humana. Me esfuerzo por ser servicial en mi trabajo, ser una buena amiga y una ciudadana responsable. Es todo normal y corriente y cuerdo y no lo cambiaría por nada.

E.M.
Londres, Inglaterra

El sano juicio
MAYO/JUNIO 2014

Mi historia tal vez se parezca a muchas otras historias de mujeres alcohólicas, sucede mucho entre nosotras, y le llamamos identificación. Soy la menor de cuatro hermanas, pero en algún momento me sentí como la mayor, no viví la niñez que debería haber vivido en circunstancias normales. Mis padres se separaron cuando yo era muy pequeña. A consecuencia de esta separación, debían dejarme en uno y otro lugar para que me cuidaran, en uno de esos tantos lugares sufrí una violación.

Mi madre era muy dependiente de mi padre, quien también es un alcohólico; sus borracheras constantes no la dejaban tranquila y pese a ya haberse separado, él seguía buscándonos y haciendo problemas en todos los lugares en los que vivimos, mi madre no pudo más y nos fuimos a vivir a otra ciudad.

A partir de entonces perdí la figura paterna, pero como mi madre trabajaba todo el tiempo para darnos a mis hermanas y a mí todo lo que necesitábamos, casi nunca estaba con nosotras. Por esto desarrollé un gran resentimiento hacia ella.

A corta edad tuve que adquirir responsabilidades que no me correspondían y, desde entonces, empecé a gobernar mi vida, me gustaba destacarme en todas las actividades que realizaba y lo logré, fui una alumna ejemplar, hasta que conocí el alcohol.

La primera vez que bebí tan sólo tenía diez años, recuerdo que tomé unas cuantas cervezas con mis primos, por curiosidad. Aunque tenía cierto resentimiento hacia el alcohol por las constantes borracheras de mi padre, me gustó el efecto que el alcohol producía en mí.

No volví a beber hasta los catorce años, creo que empecé a hacerlo para llamar la atención de mi familia, ya que prácticamente vivía sola. Mis hermanas ya habían formado sus hogares y en casa nunca había nadie más que yo. Me enfermaba todo el tiempo y bebía cada vez más.

No era difícil, yo era libre y la mejor opción era divertirme y seguir con mis constantes borracheras, bebía donde podía, bares, plazas, parques o llevaba amigos a mi casa.

Terminé mis estudios y comencé a trabajar, lo que me permitió pagar mis borracheras. No sé en qué momento perdí el control, no disfrutaba ni un solo fin de semana, porque me la pasaba bebiendo y luego intentaba dormir para poder retomar mi trabajo, pero la depresión, el malestar y la desesperación que sentía, no me permitían hacerlo.

Pensaba que el hecho de no llegar a trabajar desarreglada y con la misma ropa del día anterior me hacía responsable, ya que no faltaba al trabajo. En algún momento esa responsabilidad distorsionada también desapareció, lo único que manejaba mi vida era el alcohol. Perdí todo respeto hacia mi familia y para qué contar las veces que no llegué a casa.

Mis lagunas mentales eran cada vez más prolongadas, cada borrachera tenía un fondo más profundo, eso no me gustaba, pero unos días bastaban para olvidar la humillación y el sufrimiento de apenas un fin de semana antes, y como si nada hubiese pasado, volvía a beber.

Me di cuenta de que no podía seguir así, si lo hacía, probablemente encontraría un final amargo.

Llegué a mi primera reunión de AA tras una borrachera de cinco días que me dejó en el hospital, se me asignó una madrina y estuve bien por un corto tiempo, pero volví a beber. No entendía por qué no podía afrontar mis problemas con sobriedad como lo hacían mis compañeros de AA. Estuve así por casi dos años, entrando y saliendo de la comunidad. Cambié de grupo, cambié de padrino, pero nada funcionaba, no había solución para mí.

Ahora entiendo que Alcohólicos Anónimos sí funciona. El problema era yo. No aceptaba mi enfermedad y no estaba dispuesta a dejar mi vida al cuidado de un Poder Superior a mí misma. No podía practicar la honestidad, ni la humildad, ni mucho menos la obediencia, y eso era lo único que necesitaba para empezar a trabajar el programa. Además, creía que era muy joven para ser alcohólica, que todavía tenía mucho por vivir y disfrutar con el alcohol, ese prejuicio fue devastador.

El alcohol me traía cada vez más sufrimiento, no puedo explicar el dolor que muchas veces sentí al despertar después de una laguna mental, en lugares desconocidos y con personas extrañas. Perdí toda mi dignidad como mujer, pero eso no fue suficiente, continuaba queriendo controlar mi forma de beber, creía que algún día podría hacerlo sola. Puedo asegurar que nunca pude hacerlo, "una vez alcohólica, alcohólica para siempre".

Me alejé de la comunidad por algún tiempo, seguí bebiendo y cada vez cargaba con más fondos hasta que tuve mi última borrachera. Desperté en una casa desconocida, en un lugar muy apartado de la ciudad, logré verme en un espejo y vi que tenía maltratado casi todo el cuerpo, no sabía dónde estaba ni lo que había sucedido, lo único que recordaba era la noche anterior. Estaba sola, me vestí y quise salir pero me di cuenta que la casa estaba cerrada, gracias a Dios pude escapar antes de que algo peor sucediera.

Hasta el día de hoy no sé qué pasó allí, ni sé quién es la persona que estuvo allí conmigo, sólo estoy agradecida inmensamente a Dios por estar viva. Esto fue lo que me llevó a derrotarme totalmente ante el alcohol, no podía seguir, estaba a punto de perder mi trabajo y también mi hogar. Me rendí por completo y acepté que no podía sola, que necesitaba ayuda y volví a mi grupo de AA. Empecé desde cero, asistí a todas mis reuniones durante tres meses, escuchando con atención las experiencias de recuperación de mis compañeros, como me lo había sugerido mi padrino.

Permanecer en silencio significó sacrificio y fortaleza. Me reunía con mi padrino una vez a la semana, leí la literatura y pronto pude servir en mi grupo. Empecé a practicar mi plan de recuperación, trabajando los Pasos. Admití que era alcohólica y que mi vida era ingobernable, logré tener algo de sano juicio a través del contacto consciente que adquirí con un Poder Superior a mí misma, que es Dios como yo lo concibo, y pude dejar mi vida y mi voluntad al cuidado de ese Poder Superior.

Empecé a escribir un Cuarto Paso con toda humildad y honestidad y en un Quinto Paso lo pude compartir con mi padrino, empezando a ser honesta ante Dios y ante otra persona. Estuve dispuesta a dejar que Dios me liberara de todos esos defectos encontrados y se lo pedí humildemente a través de la oración. Escribí una lista de todas aquellas personas a las cuales ofendí o hice daño. Hice reparaciones con mi familia y también algunas reparaciones indirectas. Hoy en día continúo haciendo un inventario personal tratando siempre de que esté guiado hacia la voluntad de Dios.

Me guio a través de la oración y la meditación para poder dejar que Dios haga su voluntad en mi vida y, por último, estoy esperando la posibilidad de ser madrina de otra alcohólica o alcohólico. Mientras tanto sigo sirviendo en mi grupo para que sus puertas siempre se mantengan abiertas y podamos llevar el mensaje a otros alcohólicos que aún están sufriendo.

Estoy agradecida por todo lo que recuperé y lo que tengo. Gracias a la comunidad de AA, he llegado a trabajar muchos resentimientos que me consumían desde mi niñez, ahora tengo una buena relación con mi familia y soy útil en mi trabajo, pero nunca me olvido de mi prioridad que es la comunidad de Alcohólicos Anónimos.

Tengo veinte años de edad y estoy a pocos meses de cumplir mi primer aniversario, el trabajo constante con los principios de AA ha producido, hace un tiempo, el primer milagro en mí, Dios me ha liberado de esa obsesión por la bebida y ahora trabajo cada 24 horas con la naturaleza exacta de mi enfermedad. Puedo asegurarles que, pese a todos los problemas que puedan aquejarme, vivo una vida feliz, tengo a Dios a mi lado, puedo contar siempre con mi padrino y mis compañeros de AA y no cambiaría absolutamente nada de lo que hoy tengo, por mi mejor borrachera.

Isabel B.
La Paz, Bolivia

Lo primero es lo primero
JULIO/AGOSTO 2016

En 1998 visité el grupo "Buena Voluntad" de Ciudad Juárez, en Chihuahua, México. Ahí conocí la comunidad de Alcohólicos Anónimos y me pasaron el mensaje. En el grupo me trataron como si yo fuese la persona más importante.

Pero en ese tiempo yo no escuchaba nada, me creía superior a todos, la soberbia me encegució, no entendí o quizá no era mi momento para quedarme en este maravilloso programa.

Entraba y salía de los grupos como alma en pena, usando todas mis fuerzas para dejar de beber. Hasta que finalmente estuve tres meses en el grupo "Sí se puede" de la misma ciudad, pero sin poder ocupar la silla que se me destinaba. Fueron seis años cayéndome y levantándome.

Lo peor de todo fue que los temblores y la ansiedad por otro trago eran cada vez más frecuentes, así como las lagunas mentales.

Cada día era de sufrimiento porque luchaba conmigo misma para no tomar y beber, pero siempre el alcohol estaba ahí recordándome que era lo único que me hacía olvidar mis tragedias, y si había alguna alegría, la botella estaba junto a mí.

Pensar en mi pasado y, sobre todo, en mis recaídas no es agradable, pero eso me da fortaleza para vivir mis 24 horas con más ganas porque es difícil vivir una vida sin esperanzas, viendo las lágrimas de mi madre y sintiendo como una bomba en mi cabeza el eco de los ruegos de mi padre para que dejara el vicio de la bebida.

Ahora que tengo cuatro años sin beber me doy cuenta que el permanecer sobria un día a la vez, es el regalo más preciado que tengo. En AA he aprendido a vivir sin alcohol y a descubrir que el alcohol envasado en las botellas viene mezclado con resentimientos, ira, envidias y rabia.

Hoy puedo decir que esas recaídas eran producto de mi juicio perturbado, sumida en la soledad, sin fe, y, fundamentalmente, sin quererme a mí misma.

Después de estar yendo y viniendo en los grupos de AA, ahora, que puedo disfrutar de mi sobriedad y compartir con mi esposo, despertar sin temblores en el cuerpo y sin lagunas mentales, ya no tengo que regresar a comprobar si soy alcohólica.

También hoy disfruto de la soledad, puedo saborear esos momentos, tal como un bonito mensaje que me mandó un AA: "El sol está solo y no por eso deja de brillar". Y es que yo ya no estoy sola, ahora tengo a mis hermanos de la comunidad a quienes veo cada noche en mis juntas, porque asistiendo a las juntas seguiré de pie después de los terremotos de las recaídas.

Me siento contenta de estar escribiendo y poder pasar este mensaje al que sufrió, o aún sufre, de una recaída o al que está sufriendo por no poder quedarse. Les puedo compartir, que con un poquito de esfuerzo de uno mismo, con un milésimo grano de fe y con toda la vida puesta en manos de ese Poder Superior, se puede pisar en tierra firme sin tener que naufragar en mar abierto. Hoy puedo.

Les quiero decir que "Sólo por hoy", "Lo primero es lo primero" y "Vive y deja vivir", son los axiomas con los que me levanto cada mañana. Esto es Alcohólicos Anónimos, un lugar desde donde se desprende el amor genuino que cada alcohólico tiene en su corazón.

Martha C.
El Paso, Texas

CAPÍTULO CUATRO

La sobriedad emocional

Un lugar sereno bañado en la luz del sol

E ste capítulo narra historias de mujeres que llegaron al punto en que tuvieron que reconocer el hecho de que el alcohol afectaba gravemente sus vidas. Para todas estas mujeres —jóvenes, mayores, amas de casa, estudiantes, profesionales, de diferente raza, cultura y condición social— hubo una única solución a su problema: el programa de Alcohólicos Anónimos, ahí lograron encontrar un método para mantenerse sobrias, y descubrieron una nueva libertad y felicidad que jamás hubieran podido imaginar.

Después de sufrir la devastadora pérdida de su padre, una mujer alcohólica relata en "El amor no se interrumpe", cómo llega a "aceptar lo que no se puede cambiar", con una mente abierta, un corazón agradecido y un libro de AA.

Ana María escribe en "Mi salud espiritual" sobre su propio despertar espiritual, el que le devuelve la cordura, además, la fuerza que le dio la comunidad para afrontar no sólo la enfermedad del alcoholismo sino un cáncer que sufrió y logró enfrentar sobria gracias a su programa. Una batalla que no hubiese sido la misma sin haber experimentado la verdadera humildad.

En "El principio del viaje" Aurora, nos cuenta cómo el alcohol en sus primeros años es una especie de antídoto, un brebaje que elimina sus miedos, complejos, y la ayuda a relacionarse con el mundo exterior. El viaje sin embargo va dando un giro de "un camino hacia la sobriedad del alcohol... hacia la sobriedad emocional".

Todas estas mujeres llegan a AA derrotadas y sin esperanzas, pero logran desarrollar una verdadera madurez y equilibrio en sus relaciones personales, y con su Poder Superior. Tal como escribe Ross en "Sedienta de amor", trabajando los Pasos "mi mente se aclara, mi espíritu se nutre y obtengo la fuerza necesaria para continuar el día".

Mi salud espiritual
SETIEMBRE/OCTUBRE 2002

Soy nacida en Argentina, pero vivo en Estados Unidos desde hace poco más de un año. Hace pocos días tuve el placer de celebrar mi cuarto aniversario y compartir con los compañeros de mi grupo base, Patrocinio, los sentimientos y experiencias cosechadas desde que entré a la maravillosa comunidad de AA. Mis compañeros de Argentina me pidieron que les enviara mi carta y que la compartiera también con los compañeros de La Viña.

El veinte de mayo se cumplen cuatro años desde mi último trago. Me invade una sensación de plenitud y paz que deseo compartir con todos mis compañeros del grupo Patrocinio. No fue fácil despertar del infierno en que vivía, pero las experiencias vividas con ustedes hicieron posible que poco a poca recobrara la cordura. Estoy absolutamente convencida de que el programa funciona de una manera sorprendente, siempre un día a la vez. No pretendamos correr, saltar Pasos ni Tradiciones.

Las cosas cambian y siempre para mejor de lo que uno esperaba. En definitiva, la vida es un cambio constante, el ser humano también…, pero los alcohólicos tenemos algunos excesos o defectos de carácter más agudizados que el resto de la gente. Es por esto que tenemos que permanecer alertos. No podemos permitirnos ningún exceso.

Cuando encontré que pertenecía a la comunidad, fue como si se corriera un tul que no me dejaba ver la realidad. "Soy Ana María y soy alcohólica", ¡pavada de declaración!, pero fue el comienzo de mi libertad. Un día en otro grupo, un compañero lo resumió de un modo simple y enfático: GRUPO, PADRINO y PROGRAMA. Lo dijo con gran seguridad, con un deseo profundo de hacernos ver a todos los ciegos. Nunca se me borró esta frase.

Hace dos años tuve mi primera operación de un pequeño cáncer de piel; luego en agosto, una cirugía realmente importante: cáncer de seno. Me preguntaba:"¿Por qué a mí?". Me hice miles de cuestionamientos, tuve temores, pero desde el fondo de mi corazón sentía que la gran batalla había sido contra el alcohol. Ahora el asunto estaba en manos de la ciencia. Con mi esposo siempre quisimos saber la verdad. El médico me dijo que de dieciocho ganglios extirpados, dieciséis ya estaban tomados, y que las posibilidades de sobrevivir se reducían altamente. Pero Dios ha sido sumamente generoso conmigo. Un día a la vez se fue librando la batalla.

Seguramente me recordarán calva, con dolores de huesos, en fin… con los trastornos propios de la quimio y de la radioterapia. Pero yo me sentía vivir estando cerca de ustedes, por eso no me importó mi aspecto físico, ni que me vieran así. No quería perderme ninguna reunión, ningún evento, pues en el grupo, cuando compartíamos experiencias, yo recibía la dosis de fuerza que necesitaba para mi lucha contra el cáncer.

Para ese entonces estaba a cargo de la coordinación. Yo pensé que no podría cumplir con mis obligaciones, pero no fue así. Trataba siempre de que me internaran por la mañana para no perderme la reunión de la tarde. A fin de año quebró la empresa donde trabajaba mi esposo y pensamos: "¿Ahora qué?". Nuevamente le dije a Dios: "Hágase tu voluntad y no la mía". Allí ocurrió lo que ya saben, invitaron a mi marido a trabajar en EE.UU. y nos vinimos para acá. En esto hay algo muy bueno, pues me atienden algunos de los mejores especialistas de cáncer en el mundo.

A pesar de las barreras del lenguaje, la idiosincrasia, cultura, etc., los AA somos iguales en todo el mundo. En la página 115 de "Cómo lo ve Bill", en la sección llamada "La esencia del desarrollo", está escrito gran parte de lo que siento ("No tengamos miedo nunca a los cambios necesarios... "). Creo que la humildad juega un papel importantísimo en todo desarrollo espiritual. Es mi bien más codiciado pues compruebo permanentemente que con verdadera humildad es como se crece. En mi caso en particular, si estoy fuerte espiritualmente, lo estoy para afrontar los dolores físicos y las molestias que me acarrea el tratamiento.

Hoy puedo decir que soy una persona nueva, que ha crecido de adentro hacia fuera. Tuve la suerte de contar con un excelente padrino, aunque al principio nos peleábamos bastante, de ser servidora en el grupo, estudiar y leer mucho sobre el programa. También tengo el amor incondicional de mi marido. Mi familia en pleno (tengo cuatro hijos, de nueve a veinticinco) agradece a toda la comunidad de AA el haberles devuelto una mamá nueva, mejor que la que tenían antes. Y agradezco de todo corazón a mi grupo base, Patrocinio, que me dio la bienvenida a la comunidad y fue testigo de mi desarrollo personal. El veinte de mayo estaré en Houston, pero con seguridad iré a algún grupo de allí para compartir. Y no quería dejar pasar mi cuarto aniversario sin compartir con ustedes. A todos les deseo lo mejor. Que sigan creciendo y no se olviden de que somos responsables, cuando cualquiera, dondequiera extienda su mano pidiendo ayuda...

Ana María
Vía Internet

Ponerle nombre a los sentimientos
MARZO/ABRIL 1997

E l Cuarto Paso me atrajo tan pronto entré por la puerta de Alcohólicos Anónimos. Llegué a AA sintiéndome culpable y con remordimientos de conciencia por todas las cosas malas que había hecho — por ejemplo, serle infiel a mi esposo, no haber hecho mi trabajo lo mejor que podía, pero esperando las más altas recompensas y ser indiferente a las necesidades de los otros. Era completamente egocéntrica, mientras que, al mismo tiempo, aparecía ante la gente como la buena esposa de un hombre que bebía mucho y tenía aventuras, que era leal a un empleo donde había estado doce años, y que era un encanto (¡nunca expresaba una opinión!). Pero como los otros me percibían no era como yo me sentía en mis adentros.

Escuché a los AA hablar acerca de cómo dando el Cuarto y Quinto Paso se quitaban de encima el sentimiento de culpabilidad por lo que habían hecho en el pasado. No quería sentir mis sentimientos de miedo, frustración y depresión, y estuve dispuesta a hacer lo que fuera necesario para lograrlo.

Lo primero que tenía que hacer era tomar la decisión de que como yo no podía solucionar los problemas de mi vida (cualquiera podía ver mi desastrosa situación), sí podía encontrar mi propio Poder Superior en cuyas manos podía poner mi voluntad y mi vida. Después de hacer esto, sería capaz de hacer un examen de conciencia y hacerme responsable de mis acciones en el pasado.

Obviamente no sabía cómo explicar mis sentimientos porque por años había practicado ocultarle a los otros lo que sentía y lo que pensaba. Si tenía problemas, debía resolverlos sola; ¿acaso no me habían enseñado a ser independiente? A medida que asistía a las reuniones y escuchaba a los otros hablar acerca de sus sentimientos empecé a reconocer algunos de los míos. Llegué a entender que los instintos naturales "de relaciones sexuales, de seguridad material y emocional y de "compañerismo" no deberían dominar mi vida de una forma negativa. Al comienzo, una de las maneras que encontré para permanecer sobria fue escribir mis sentimientos y preguntas y las nuevas cosas que aprendía. Al principio de mi sobriedad salía de una reunión y tomaba el bus para ir a casa. Tenía una libreta en mi bolso para anotar mis pensamientos acerca de la reunión a la que acababa de asistir.

Después de unos quince meses (y de haber llenado un par de libretas), me le acerqué a alguien con una sobriedad establecida y le pedí me ayudara a transformar mis notas en un Cuarto Paso. Me sugirió que nos reuniéramos y me presenté con mis dos libretas. Me pidió que hablara, llevando la conversación al área de mis problemas con el sexo, la sociedad y la seguridad (siguiendo la sugerencia del Libro Grande). Me sugirió que examinara el orgullo, la avaricia, la lujuria, la rabia, la gula, la envidia y la pereza. Hablamos por casi tres horas y examinamos cada área de mi vida en la cual tenía problemas. Caí en cuenta que le podía poner un nombre a mis sentimientos negativos y localizar su lugar de origen. Podía ver mis "instintos descarriados".

Me sentí aliviada al poder hablar con alguien acerca de mí misma sin la amenaza de que fuera castigada o juzgada. Caí en cuenta de que no era la peor mujer del mundo ni la más inmoral. No era diferente a los otros que compartían sus experiencias en las reuniones, ni peor ni mejor, y no era extraña o diferente. Cuando contemplé mi lado positivo, me di cuenta que no había decidido causarle daño a los demás ni que me había comportado de una manera inaceptable intencionalmente. No era mala persona; era una persona enferma que quería mejorar. Era un ser humano valioso.

La gente habla sobre la experiencia espiritual que tienen después de dar el Cuarto Paso. Lo que me ocurrió fue que aprendí sobre la persona que había sido. Ahora comprendía lo que podía hacer y tenía un mejor sentido de dirección acerca de las áreas en las que tenía que concentrarme. Había contemplado mis "deformaciones emocionales" y ahora "podía empezar a corregirlas". Como dice el "Doce Pasos y Doce Tradiciones", "...nace una nueva seguridad, y el alivio que sentimos al enfrentarnos por fin con nosotros mismos es indescriptible".

Desde ese primer inventario, he dado muchos Cuartos Pasos. Cuando tuve problemas en mi matrimonio, examiné cómo contribuía yo a esos problemas, dónde me había equivocado. No tenía miedo de examinar mi comportamiento porque desde que estaba sobria había intentado ser buena esposa y compañera. Descubrí que mi dependencia en alguien a quien consideraba más fuerte era descarriada. Le temía a la vida y no había progresado; me sentía dominada, pero en algunas áreas yo era la dominante. Le hacía exigencias imposibles a otras personas. Traté de manipular a mi esposo para que satisficiera las que yo creía eran mis necesidades, cuando en realidad las desconocía.

Unos años después, cuando mi matrimonio había fracasado y había conocido a alguien en quien estaba interesada, hice un inventario de mis relaciones con los otros hombres en mi vida (padre, hermanos, amigos, amantes), hubiera o no tenido problemas con ellos. No quería empezar una relación en la que iba a cometer de nuevo los mismos errores. Descubrí la misma dependencia en los otros que emanaba del miedo, la autocompasión, la preocupación, la avaricia, la posesividad, y una falta de confianza en mí misma.

Cuando un problema particular no puede ser resuelto dando el Paso Diez a diario, me parece que es natural usar el Cuarto Paso. Empiezo con el Paso y descubro en qué área soy impotente, reconozco que un Poder Superior me puede ayudar, y uso la oración del Tercer Paso como preámbulo al Cuarto Paso. Después de dar un Quinto Paso, utilizo los Pasos subsiguientes para que me ayuden a solucionar el problema.

El Cuarto Paso me permite verme a mí misma, examinar el miedo que siento de que no voy a obtener algo que quiero o de perder algo que tengo, de obtener una perspectiva sobre mis defectos de carácter y de continuar avanzando para tratar de establecer verdaderas alianzas con otros seres humanos, de ser "un miembro de la familia, un amigo entre amigos, un trabajador entre otros trabajadores y un miembro útil de la sociedad".

Sherry G.
Riverdale, Michigan

El amor no se interrumpe
NOVIEMBRE/DICIEMBRE 2006

C uando la vida regala momentos de felicidad o de verdadero regocijo, es grato comunicar y compartir cosas enormemente bellas, pero fue en la adversidad más atroz cuando tuve la dicha de trascender por emociones casi mágicas, teniendo entre mis manos y leyendo un libro de AA.

Hacía muy poco tiempo que mi padre había fallecido, estaba sufriendo horrores la pérdida y tratando trabajosamente de asumir mi condición de huérfana, ya que mi madre había partido hacía varios años. Simultáneamente estaba viviendo con gran pena la ruptura de relaciones con mi pareja, pena que se incrementaba y se mezclaba con una sutil sensación de desprecio que día a día realimentaba, cuando supe que él ya había encontrado el olvido en un nuevo amor. Y como si todo eso fuera poco, mis finanzas en esos tiempos no eran tan buenas.

Cierto día, a la salida del trabajo, me encontré, si es que así se puede decir, "casualmente" con un ahijado que residía en los Estados Unidos y por un breve lapso estaba con nosotros, cumpliendo con un servicio en nuestro país. Nos saludamos con el amor de AA y sin que pasaran ni diez segundos, abrió su portafolios, tomó un ejemplar del libro "Llegamos a creer" y de pie, en la calle, le escribió una preciosa dedicatoria y me lo obsequió. Como no contaba con mucho tiempo, compartimos un café en un barcito cercano al lugar del encuentro.

Mi ahijado no sabía absolutamente nada de lo que me estaba pasando y lo único que llegué a comentarle fue el pesar que yo sentía por lo de mi padre. Recuerdo tan nítidamente como si lo estuviera viviendo en este momento que, irradiando amor por sus ojos, me dijo: "Madrina, tú ya lo sabes, pero igual te lo diré: hay que aceptar lo que no se puede cambiar", y me acarició las manos. Se me escaparon algunas lágrimas, pero pude proseguir el diálogo, que fue realmente breve. Nos despedimos con un enorme abrazo y ambos partimos, cada cual por su rumbo.

No sé exactamente por qué, pero el encuentro fue algo muy especial. Yo ya había leído el libro objeto del obsequio y en su oportunidad me gustó muchísimo. Recuerdo que solía decir que debería llamarse "Manual del Poder Superior" o algo por el estilo, y que muchos de los relatos que contiene habían sacudido mis fibras más sensibles hasta las lágrimas. Al llegar a mi casa, forzando mi voluntad, que era muy poca, me dispuse a leer el nuevo ejemplar. Supongo que desde el fondo de mi alma sabía que estaba necesitando un poco más de ayuda que la que el grupo me brindaba amorosamente, y no me daba cuenta cómo buscarla ni a quién acudir, ya que mis emociones estaban bastante alteradas, pero no tanto como para seguir de largo cuando leí: "¿Qué quiere Dios que yo haga?" No pude hacerme la indiferente, frente a tamaña pregunta.

Rompí en llanto varias veces y varias veces retomé la lectura, pero había algo que me hacía volver sobre el contenido de la misma, hasta que decidí tratar de contestarla con absoluta honestidad.

Pude serenarme un poquito y darme cuenta que no debo colocar todo lo que siento en la misma bolsa, que hay dolores sagrados y de los otros, y que mi orgullo herido me producía cierta sensación desagradable, casi desesperante, y que yo misma bloqueaba el camino por el que Dios se quiere acercar a mí y ayudarme.

Creo que la palabra "alivio" define lo que comenzó a manifestarse en mi interior a partir de ese momento. Casi parecido al que sentí cuando pude comenzar con mis primeras 24 horas. Pude entender y aceptar que el tiempo de vida de mi papá no dependía de mí, sino de altísimos designios que eran absolutamente necesarios, aunque yo no los entienda, y que los mandatos supremos van a darse, precisamente, en forma inexorable, respetando el orden cósmico, no el que yo quiera establecer. Y que todos mis otros dolores no eran tales. Que el orgullo es un pecado capital y sus consecuencias los intereses que tal malsano capital genera.

En cuanto a las adversidades económicas, no pasó mucho tiempo hasta que pude mudar de mi cabeza los pensamientos negativos que me mantenían aplastada, y las cosas mejoraron.

Por eso y por mucho más, el libro "Llegamos a creer", leído entre lágrimas y gemidos en el que considero el peor momento de mi vida sin alcohol, fue el instrumento que Dios usó para demostrarme que su amor no se interrumpe.

Candela del Mar
Buenos Aires, Argentina

El principio del viaje
ENERO/FEBRERO 2007

Mi primer contacto con el alcohol fue de una forma accidental, en unas fiestas navideñas, donde como es costumbre el alcohol era parte principal de la diversión. Los siguientes contactos fueron esporádicos e inconscientes, hasta la adolescencia. En esta etapa de mi vida empecé a utilizar el alcohol como un antídoto ante el miedo, raíz de todos mis complejos y dificultades para relacionarme con el mundo exterior.

Cuando consumía alcohol me sentía eufórica, segura y en un mundo que se configuraba a mi antojo. Esa pócima mágica me funcionó durante bastante tiempo, y sus consecuencias fueron unos años locos de diversión y libertinaje. Después, los efectos por los que yo me enganché al alcohol empezaron a cambiar. Ya no me divertía y los poderes que me fueron concedidos en un principio se volvieron contra mí; los miedos se multiplicaron. Cuando comenzaba a beber ya no podía parar. Mi familia no sabía cómo ayudarme; mis amigos salieron huyendo. Nada ni nadie podía vencer al alcohol, hasta que no toqué mi fondo y estuve dispuesta a pedir ayuda.

El enunciado del Primer Paso del programa de recuperación de AA es el principio de un viaje que me ocupará toda la vida. Un camino hacia la sobriedad del alcohol y después, siguiendo los once restantes, hacia la sobriedad emocional.

Recuerdo que una semana antes de llegar a un grupo de AA, aconsejada por un familiar que conocía mi problema con el alcohol, estaba tocando fondo, como decimos al compartir en los grupos. Yo diría que es necesaria una derrota interior para poder dar este Primer Paso y de una forma totalmente sincera ser capaz de admitir que soy impotente ante el alcohol y que sola no podía salir de ese infierno en el que se había convertido mi vida. Fue entonces, y sólo entonces, cuando de una forma casi automática se dieron las circunstancias para que yo llegara a un grupo y encontrara la solución a mi agonía. Por primera vez en mucho tiempo tuve la esperanza de que podría dejar de sufrir de esa manera tan desgarradora y sin sentido y en la que yo pensaba que moriría sin encontrar una salida.

Mi primera reunión fue una sensación que, aunque ya muy lejana, no podré olvidar; mi mente y mis emociones eran como un mar extraño y profundo, sin luz. Los compañeros que ese día compartieron conmigo sus experiencias me rescataron de ese mundo perdido, me transmitieron su mensaje de esperanza y, sobre todo, me ayudaron a entender, que yo estaba enferma, igual que ellos, y que si quería, podían ayudarme a salir adelante, como ellos lo hicieron.

Pude creerles porque sus testimonios me estaban contando mi propia vida, la agonía de mi alcoholismo.

Esa identificación fue la que me salvó la vida. Aunque sigue habiendo sufrimiento en mi vida, ese sufrimiento ahora tiene un sentido, que es el de mi desarrollo personal, la oportunidad de ser consciente de lo que mis experiencias me pueden aportar en lo interior. A veces es duro, pero merece la pena y, en último caso, pienso que no hay nada peor para mí que estar bebiendo, que, como se dice en los grupos, así sólo tengo tres caminos: el hospital, el manicomio o la tumba.

El programa de recuperación de AA me ofrece la oportunidad de encontrar otros caminos más estimulantes y deseados, pero está claro que aquí no se regala nada. Es un esfuerzo y un aprendizaje continuo, que requiere de un cierto grado de humildad para poder aceptar otras muchas derrotas a lo largo de la vida. Es muy impor-

tante para mí, poder admitir que soy impotente ante muchas circunstancias y personas que encuentro en mi camino. Recordemos
que esta enfermedad se puede detener, pero no se cura, y la práctica
del programa es por lo tanto para el resto de la vida.

Aurora
Madrid, España

Sedienta de amor

NOVIEMBRE/DICIEMBRE 2011

M i grupo ha crecido, ahora llegan muchos jóvenes de ambos
sexos, nos los envían de clínicas y centros de tratamiento, hay muchachos de quince años en adelante. Llegué al
grupo en la apertura de las juntas de la mañana, en el primer año
de haberse abierto. Me fascinó saber que allí iba a encontrar alivio
y ayuda.

Allí vislumbré la esperanza de lograr lo que ellos habían logrado,
su sobriedad, es decir su mayoría de edad. Entendí que sólo acudiendo al grupo, a mis juntas, dejaría de beber pero yo deseaba algo
más. Deseaba saber cómo ser feliz, cómo poder seguir viviendo ya
que llegué sin tener fuerzas para continuar viviendo.

Nada me llenaba, me sentía vacía, frustrada, cansada, ya ni el dinero me llamaba la atención, tanto que descuidé mis negocios. Mucha gente me sugirió que buscara una pareja para poder levantarme
ya que mi exesposo me puso como condición que me olvidara de mi
grupo o él se marchaba para siempre.

No tuve elección, mi vida ya no podía seguir así. Pero ya no estoy sola, mis compañeros me han dado el amor necesario para continuar; al principio lloré bastante, hice mucha catarsis en tribuna,
ansiaba mi recuperación en 24 horas, solicité la ayuda de diferentes
personas sobrias.

Me sugirieron que no había otro camino con más éxito para lograr mi sobriedad duradera y sólida, que trabajar los Pasos y que
solamente de esa manera llegaría mi despertar espiritual.

En AA empezó mi recuperación, sin yo haberlo planeado o creído, mis compañeros me enseñaron el camino, en primer lugar llegando a creer, como dice el Tercer Paso, poniendo solamente un poquito de buena voluntad. Entregarme fue para mí empezar a ver la luz, en los Cuarto y Quinto Pasos hice un inventario de mi vida, ver el pasado y compartirlo con otra persona, me liberó de un miedo, de la vergüenza, de una carga de rencor y conmiseración que me nublaba el camino.

En los Pasos Sexto y Séptimo vi mis faltas, trabajé con mis defectos día a día, momento a momento. Empecé a enfocarme en mi persona y al ver que tenía tanto en qué trabajar no me dio margen para señalar o exigir. Empecé a practicar el agradecimiento, el valorar todo lo que se me da, a cambio de nada, me empecé a sentir mejor pero tenía que seguir.

Me esperaba el Octavo Paso, hice una lista de personas a las que había dañado, principalmente a mis hijos y a mis parejas, el dolor fue inmenso al ver que ya no podía remediarlos y no podía regresar al pasado.

El Noveno Paso lo empecé a practicar desde mi llegada. Tratando de cambiar mi conducta para dejar de ofender, dejar de controlar y enfocarme sólo en integrarme a mi familia y no ser la juez, la jefa, sólo un miembro más.

He tenido que pedir perdón, pero perdonarme no ha sido fácil ni rápido, conforme mis heridas siguen sanando, el perdón se hace más claro, ahora sonrío, también lloro, me doy permiso de sacar mis emociones, la mayoría de las veces es de alegría. El Décimo Paso es diario, aceptando cuando me equivoco, tratando de no repetir el mismo error. El Undécimo es mi Poder Superior, él siempre tiene tiempo para mí, es un automantenimiento, a través de él mi mente se aclara, mi espíritu se nutre y obtengo la fuerza necesaria para continuar el día.

El Duodécimo Paso se hizo realidad, los Pasos me liberaron de la esclavitud, inseguridad y dependencias.Pero no ha sido fácil pues vivía dependiendo del dinero, de la pareja, de la aprobación, de la aceptación, viviendo en harapos, sedienta y hambrienta de amor. Ahora, que yo me acepto, mi corazón se llena cada día más. Mi familia y yo amamos a AA, nos consideramos afortunados al haber sido alcanzados por esta hermandad que se encuentra en casi todo el mundo.

Ross
San Diego, California

La otra dimensión
NOVIEMBRE/DICIEMBRE 2002

Descubrí la existencia de Alcohólicos Anónimos por medio de un flash televisivo. Llamé y obtuve la dirección del que sería —luego de varios intentos a lo largo de seis años— mi grupo madre. Allí me recibió mi madrina, a quien Dios ha llevado a otra morada. Y me fui quedando...

El coordinador de literatura decía que no debía consumirme todos los folletos y libros de una sola vez. Pero yo estaba ávida por saber qué había sido de mi vida —allí estaba yo— en cada párrafo surgía mi verdadera historia. Cuando por fin levanté la mano para expresar mi decisión de ser miembro de AA, me resultó fascinante el derecho que se me otorgaba. Había encontrado mi lugar en el mundo. Sólo Dios y mis hermanos, los que tomaron la misma decisión, comprenden su profundo significado.

A los tres meses coordiné una reunión por primera vez. Aún recuerdo que todos mis sentidos estaban puestos fuera de mí, toda mi energía se había concentrado en lo que se decía y en la mirada de cada una de las personas presentes. Creo que percibí, tenuemente, la gran magia de la comunicación. La magia espiritual de AA.

Realicé los servicios del grupo; fui afortunada. A pesar del miedo que me invadía, el temor a la crítica, conocí la ayuda de mis compañeros, que me guiaron con amor. Mis padrinos insistían en la importancia del servicio "si no, podés volver a tomar".

Luego, durante un año serví en la guardia telefónica. También colaboraba en charlas de Información Pública y así llegué al Intergrupo y, por esas cosas que suceden en AA, muy pronto quedé como coordinadora de IP. Y llegaron los sinsabores que a veces aparecen en el servicio: críticas, personalismos, etc. Parecía que estábamos sentados a la derecha del Todopoderoso, dedicándonos a juzgar al otro.

Pero había otra realidad mucho más reconfortante: algunas personas, luego de las charlas, se acercaban con lágrimas en los ojos, me besaban y me decían: "Que Dios te bendiga, gracias por tus palabras". Generalmente no eran alcohólicos, eran las madres, las hijas, las esposas... De vez en cuando era una mujer, o un hombre alcohólico sufriente... Salía muy confundida, algunas veces me producía una tristeza que no podía identificar —era el pasado— otras veces salía como transitando el paraíso prometido, plena, sosteniendo la mirada y la mano extendida del que aún sufría — era el presente.

No sé si comprendía bien qué estaba haciendo, pero había decidido extender mi mano. No era ya por miedo a volver a beber. Necesitaba salir de mí, porque de pronto comprendí, cuando a mi alrededor brillaron las luces, cómo había sucedido mi llegada a AA. Alguien atendió mi llamada, el grupo estaba abierto, mi madrina me esperaba. Me guiaron, encauzaron mi ansiedad por los resultados rápidos, haciéndome ver que en AA no hay atajos. Comprendí que para mí había un solo camino: el de la Recuperación, el de la Unidad, el del Servicio.

Sirviendo, comencé a conocerme. Casi todos los defectos de carácter sobre los que leía me pertenecían, Me sucedía como con el test de las Doce Preguntas, una cruz en cada "sí". Yo era un campo de batalla en el que combatían la ira, el orgullo, la autosuficiencia, el prestigio, el poder, el rencor y la venganza — si me olvidé alguno, inclúyanlo, por favor. Y en esa oportunidad no pude con ellos. Me fui del grupo. Como siempre me había ido de todo...

Pero es tanta la generosidad de mi bendita comunidad y de la mayoría de sus servidores que cuando la vida se encargó de demostrarme, de varias formas, que mi aplicación de los Doce Pasos y mi espiritualidad eran demasiado superficiales, cuando nuevamente el dolor y la ingobernabilidad de la vida se apoderaron una vez más de mí, fui recibida nuevamente, con los brazos abiertos.

Al volver, no había mejorado mucho, claro, pero había descubierto las Tradiciones; ahora en vez de gritarles "a los que me molestaban", recordaba sus principios. Había ganado una batalla... pero todavía el sabor, francamente, era demasiado amargo. No era el mío un servicio que estuviese inspirado en los principios espirituales de AA. Descubrirlo me dolió mucho. Había adquirido una serie de conocimientos, pero no había dónde compartirlos. Estaba sola. Un día descubrí que faltaba algo. Faltaba el amor.

Miré alrededor y encontré un líder; siempre los hay, por la gracia infinita de Dios. De su ejemplo surgió un cambio cualitativo, importante, pero no suficiente. Y nuevamente avancé con un traje que me quedaba demasiado grande. Con el ejemplo y apoyo de mis mayores y menores, había logrado algo, no creo que corresponda decir en humildad, sí, reducir un poco el orgullo, aunque la autosuficiencia seguía jugando en contra. Había también ganado en comprensión, no tanto en tolerancia.

La vida una vez más colocó ante mí, en forma despiadada, la piedra angular del crecimiento: el dolor. Perdí toda perspectiva; si no bebí fue porque no sentí el deseo, por el amor infinito de Dios que me cuida y protege siempre de mí misma.

Cuando volví del castigo que me infligí por no aceptar la realidad, el camino se abrió a mi paso de manera tan sorprendente que resultaba maravilloso. AA me obsequiaba un objetivo de vida y, en función de él, hoy acomodo el resto. He encontrado mi lugar espiritual en el servicio y he recibido la dádiva de varios ahijados de recuperación y servicio. Comienzo a divisar la sensación de la cuarta dimensión. Soy, hoy, una más. Cuando afloran mis defectos de carácter, siempre encuentro una voz compasiva, una mano extendida desde el amor y la piedad para que me atreva a comunicar y liberar mis emociones una y otra vez, sin importar lo bajas que resulten, para continuar en el cumplimiento de la Quinta Tradición.

También comprendí que si realmente amo a AA, debo permanentemente recordar cuál es el objetivo primordial. ¿Por qué, si es el único objetivo, nos desunen tantas cosas? ¿Acaso no nos recuerda el Dr. Bob que el programa de AA se sintetiza en dos palabras: Amor y Servicio?

Sé muy bien que queda un largo camino de aprendizaje. Sé muy bien que lo que debo hacer es permanecer en el servicio; en él, y rotando, me nutro, maduro, crezco, gano en amor, comprensión, tolerancia y honestidad conmigo misma y por ende con los demás.

Hoy le pido a Dios serenidad para aceptar la realidad y continuar junto a mis hermanos forjando la utopía, recorriendo la otra dimensión.

María L.
Servidora 6ª Convención — 50° Aniversario
Buenos Aires, Argentina

CAPÍTULO CINCO

Ayudando a otros

Los frutos del servicio

"El servicio, gustosamente prestado, las obligaciones honradamente cumplidas, los problemas francamente aceptados o resueltos con la ayuda de Dios, la conciencia de que, en casa o en el mundo exterior, todos somos participantes en un esfuerzo común, la realidad bien entendida de que a los ojos de Dios todo ser humano es importante, la prueba de que el amor libremente dado siempre tiene su plena recompensa, la certeza de que ya no estamos aislados ni solos en las prisiones que nosotros hemos construido, la seguridad de que ya no tenemos que ser como peces fuera del agua, sino que encajamos en el plan de Dios y formamos parte de Su designio — éstas son las satisfacciones legítimas y permanentes del recto vivir que no podrían reemplazar ninguna cantidad de pompa y circunstancia, ni ninguna acumulación de bienes materiales. La verdadera ambición no es lo que creíamos que era. La verdadera ambición es el profundo deseo de vivir útilmente y de andar humildemente bajo la gracia de Dios".

(Doce Pasos y Doce Tradiciones)

Al ver su figura distorsionada en un espejo, María Antonieta cae de rodillas y se rinde ante Dios. En "Una mujer se mira al espejo" ella nos cuenta cómo se entrega al servicio y descubre que es la mejor forma de mantenerse sobria.

"La historia de Margarita", es el relato de una mujer alcohólica que vivía en un mundo de tristeza, dolor y resentimiento. "Sentía dolor y un vacío en mi pecho y ninguna droga ni el alcohol me hacían sentir bien" pero ocurre el milagro, y luego de una experiencia espiritual encuentra a su padrino, quien le enseña a amarse a sí misma y, a través del servicio, comienza su camino hacia una vida útil y feliz.

María toca fondo en la cárcel y ahí descubre un nuevo propósito. En "Adentro o afuera mi meta es la formación de mi carácter" relata la vida desenfrenada que llevaba, y fue ahí, en la biblioteca de su prisión, donde encuentra un libro que hará el milagro en su vida: El Libro Grande.

En las historias de este capítulo se ve plasmada una vida de tristeza, abuso, encarcelamiento y soledad tapadas por el alcoholismo. Mujeres alcohólicas que llegan a AA con una gran desesperación, una montaña rusa de emociones, pero, sobre todo, el milagro de una segunda oportunidad, y más aún, las recompensas del servicio y su gratitud hacia AA.

Una mujer se mira al espejo
NOVIEMBRE/DICIEMBRE 2006

Esa bendita mañana, un cinco de octubre de 1991 me encontraba temblorosa en un motel. Llevaba dos semanas bebiendo. Mi madre había muerto y yo bebía para ahogar mis sentimientos de culpabilidad y lástima de mí misma. Repasaba el "cassette" de mis resentimientos y deseaba morir, pues ya no podía seguir viviendo esa vida miserable a la que nos condena su majestad el alcohol.

Fue el ver mi figura distorsionada en un espejo lo que me hizo caer de rodillas y pedirle a ese Poder Superior que tuviera misericordia de este despojo humano. Hoy sé que Dios respondió a los ruegos de mi madre, la que por años pedía que se apiadara de mí y me ayudase.

Esa misma noche fui a un grupo de AA, dulcemente convencida y con un cierto grado de humildad y aceptación. Pedí ayuda a mis compañeros, que tantas veces había rechazado. Ellos me recibieron con una mano amiga y una taza de café. Además, me dijeron que ellos se harían cargo de mi problema alcohólico. Que todo lo que yo tenía que hacer era seguir asistiendo a las juntas y no beber. Así, poco a poco, mi problema quedaría atrás. No ha sido fácil, pero ha sido la mejor decisión de mi vida.

Tuve la suerte de tener un gran padrino que inmediatamente me integró al servicio. Por mucho tiempo el servicio de instituciones, cárceles y hospitales me mantuvo sobria, pero seguía sufriendo. Me derroté nuevamente y empecé a trabajar los Pasos en el orden debido. Yo quería gozar de la gran promesa que el programa nos hace, vivir una vida útil y feliz.

El próximo cinco de octubre, si Dios así me lo permite, cumpliré quince años de no beber. Un día a la vez, por la gracia de Dios... Sigo trabajando con otros, pues para mí es la mejor forma de mantenerme sobria, ya que hoy entiendo que este programa es de amor y servicio. Hay que darlo para conservarlo.

Mi Poder Superior ha sido muy benévolo y me ha regalado el encontrarme a mí misma a través de los Pasos, ser una madre y amiga para mi única hija y un precioso nietecito, que, gracias al programa, nunca me verá borracha.

Adelante mujeres, sí se puede. Este programa es de acción. Que Dios los bendiga.

María Antonieta D.
Escondido, California

Mi visita a la oscuridad

NOVIEMBRE/DICIEMBRE 1998

Me llamo Elisa y soy alcohólica. Deseo compartir mi experiencia esperando que alguien se pueda beneficiar y no pase por lo que yo he pasado, ni visite las profundidades de la oscuridad y el miedo.

Empecé a beber cuando tenía doce años. Lo hice por curiosidad y por querer escaparme de la realidad. Mi madre murió cuando tenía cinco o seis años Mi padre fue un jugador y borracho que nos abandonó a mí y a mis hermanos — con mis padrinos. Yo tenía apenas ocho años. A esa edad me sentía sola y con miedo al rechazo de otra gente. Eso me dolía terriblemente. Pero cuando hice contacto con el alcohol, me liberó del miedo de sentirme abandonada y sola. Fui maltratada por mi madrina y rechazada. Eso me dolía mucho: sentir que no pertenecía y que no me amaban como a una de sus hijas.

A la edad de doce años hui de mi casa — no aguantaba más. Viví en la calle. Dormía en las estaciones de los camiones en una cama de cartón y me sentía sola y perdida. Un hombre me recogió y me llevó a su casa, en Tijuana, a vivir con su familia. Allí hice contacto por primera vez con el alcohol. Me gustaron los efectos que producía. El tiempo pasó rápido. Me volví una alcohólica a la edad de dieciocho años y tenía problemas serios. Ya había caído en las cárceles, había estado internada en la Ciudad de México. Me metía en muchos problemas. Viví de casa en casa con diferentes familias en diferentes ciudades.

A la edad de diecinueve años me casé, pensaba que si tenía una familia, un hogar, iba a dejar de beber. Pero no fue así. A él también le gustaba beber y mi matrimonio fue un fracaso; nos separamos. Tuve un hijo a los 25 años, a quien hice sufrir mucho. Fue un milagro que no me lo haya quitado el gobierno porque no lo cuidé como una madre debe cuidar a su hijo. Llegué a Alcohólicos Anónimos a la edad de 23 años; me pasaron el mensaje de vida. No les hice caso, pensé que estaban locos y ellos eran los que tenían el problema, no yo. Me perdí en el alcoholismo otros siete años más. Y mi problema empeoró. Tuve un accidente y me operaron la rodilla. No pude caminar por seis meses y pasé otros seis meses en rehabilitación. Pero ni así dejé de beber. Mi vida fue muy solitaria y llena de miedo.

Llegué una vez más a Alcohólicos Anónimos a la edad de 30 años. Esta vez sí quería dejar de tomar y de sufrir. Viví cinco años sin beber y han sido los cinco más felices de mi existencia. Fue durante esa época que empecé a enfrentar a la vida con el valor y la fortaleza que da el programa de recuperación. Pero me olvidé de lo más importante: poner mi vida y mi voluntad al cuidado de Dios. Mi peor error fue poner mi vida y mi voluntad al cuidado de otro ser humano. Pues bien, hace diez meses volví a beber porque una vez más fui abandonada por un ser que amaba. Eso me dolió y sufrí como nunca había sufrido y entonces visité las profundas oscuridades de mi alcoholismo. Sentí el vacío más profundo de mi ser. Sin Dios, sin Alcohólicos Anónimos, sin familia, me encontré una vez más en una bancarrota emocional, mental y espiritual. Sentí que me estaba volviendo loca, que estaba perdiendo la razón. No podía comer, ni dormir; no podía funcionar en la sociedad — estaba paralizada, confundida. Sentía un profundo dolor que no podía escapar. No podía dormir sino unas cuantas horas; me despertaba y me sentaba en mi cama y miraba la oscuridad de mi cuarto y me llenaba de pánico al sentirme sola y sentir ese vacío profundo que deja el alcoholismo al no poder huir. Por un tiempo pasó por mi mente la idea de suicidarme porque sentía ya que no valía la pena y lo peor de todo era sentir que no tenía propósito esta vida.

Mi manera terca y alcohólica de pensar se estaba encargando de que siguiera perdida en la oscuridad. No pude continuar así y di el Primer Paso. Pedí ayuda una vez más y la mano de varios compañeros y compañeras estuvo allí. No he vuelto a beber. Hace unos dos meses atrás, una noche después de llegar de una junta de AA, me senté en el cuartito de lavar. Estaba a oscuras y cerré los ojos y miré al abismo sin fondo de la oscuridad dentro de mí y dije: "Dios mío, le tengo mucho miedo a la oscuridad y a la soledad. Por favor, ayúdame. Me siento sola". Mis ojos permanecieron cerrados un instante y una voz interna me dijo: "No estás sola. Te tienes a ti misma". En ese instante mis ojos vieron una luz entre amarilla y roja. La voz continuó: "No temas. Levántate y vete a dormir tranquila". Abrí los ojos y no he vuelto a tener miedo de encontrarme sola en la oscuridad. Dios le dio luz a mi vida y a mi espíritu.

El día de hoy sigo sin beber gracias a Dios y a mis compañeros que una vez más me han salvado la vida. He despertado de la pesadilla que viví con mi alcoholismo y mi vida ingobernable. El día de hoy he comprendido que estoy en esta tierra por la voluntad de Dios y Él tiene un propósito para mí y es que yo aprenda a vivir y a ser feliz. He encontrado una familia verdadera y unida —Alcohólicos Anónimos— que me quiere y me acepta tal cual soy, sin condiciones. Hoy mi hijo vive tranquilo y seguro sabiendo que no bebo y que estoy a su lado. Lo más importante es que he aceptado mi alcoholismo en lo más profundo de mi ser, y mi vida y mi voluntad dependen de Dios.

Elisa L.
San Diego, California

La historia de Margarita
JULIO/AGOSTO 2003

Pertenezco a una familia drogadicta y alcohólica. Mi papá era borracho y "marihuanero". Él abandonó a mi mamá con cuatro hijos cuando yo tenía tres años. Mi madre trabajaba en su casa, pero no sé cómo empezó a frecuentar las cantinas y se hizo borracha. Tuve siete padrastros, algunos verdaderamente abusivos. Uno de mis padrastros era muy bueno con nosotros, pero bebía mucho. Nos compraba un barril de cerveza a los del barrio, y mi hermana y yo empezamos a beber la espuma que se juntaba en la boca del barril en unas tacitas, y nadie se fijaba en lo que hacíamos. Ya a los nueve años, mis amigas del barrio y yo comprábamos botellitas de tequila. Mi hermano mayor tenía dieciséis años y él y su novia usaban heroína. Un tiempo después yo me empecé a juntar con ella, a ir a las cantinas y a usar toda clase de drogas.

Duré veintiocho años en ese mundo de tristeza, rencor y resentimiento. Sentía dolor y un vacío en mi pecho y ninguna droga ni el alcohol me hacían sentir bien. Quería suicidarme, pero tenía miedo al infierno del que me habían hablado en las clases de religión. Pesaba 38 kilos. Vivía en la calle con la gente sin techo. Una hermana con mucho tiempo en Al-Anon me decía que yo estaba enferma, pero yo no la entendía. Físicamente estaba acabada y mi obsesión era más fuerte que yo. Sentía que lo que hacía era malo y que Dios no me iba a perdonar.

Una madrugada estaba sentada en una banca llorando y vomitando. Le pedí a Dios que me recogiera o que hiciera algo conmigo porque estaba muy triste y cansada. En eso llegó un carro de la policía y me detuvieron. Me tuvieron 58 días en la cárcel. Yo me prometí que saliendo iba a cambiar, pero sin un programa de recuperación, cuando menos lo pensé ya estaba otra vez en el mismo lugar.

Duré un mes libre y volví a ser encerrada. Nadie me visitaba en la cárcel. Veía salir animales del piso y sentía una profunda soledad. Todas las demás presas hablaban inglés y yo no hablaba nada. De repente me vino a mi pensamiento hablar con Dios. Le entregué mi vida y le supliqué que me diera la oportunidad de ser diferente. Estaba hincada de rodillas llorando como si alguien se me hubiera muerto. No comprendía nada, pero después empecé a sentirme diferente y comencé a cantar. Ya no me sentía triste ni sola. Hoy sé que fue una experiencia espiritual.

Al salir de la cárcel traté de acudir a una iglesia donde a veces iba, pero me dijeron que no me querían, que era una drogadicta y tenía el diablo adentro. Me fui pero no me entristecí. Algo dentro de mí me hacía sentir tranquila.

Mi hermana me trajo un anuncio sobre una nueva junta de AA. Hablé por teléfono y vinieron por mí. Había dos hombres. Yo era la tercera persona que llegaba. Como no tenía donde vivir fui a una casa de sobriedad, pero me corrieron cuando no tuve para pagar. Salí llorando de allí pero antes de salir me encontré un directorio de AA y me fui al grupo más cercano. Conocí a mi padrino. Me dio de comer y yo me puse a llorar y a decirle que no tenía donde vivir. Terminé viviendo en el grupo seis meses.

Él me enseñó a no tomar nada que descompusiera mi mente. Varios en el grupo me dijeron que yo era una persona importante y que me querían ayudar. Otros me recibieron mal y hasta me insultaron.

Mi padrino me preguntó qué estaba dispuesta a hacer para cambiar y yo le dije: "Todo". Entonces me aconsejó que cuando me insultaran pensara que hay personas más enfermas que otras, pero que yo las debo aceptar y respetar. Me enseñó a perdonarme y a aceptar las cosas que no puedo cambiar, a amarme a mí misma y a servir.

Años después, yo, que no vivía con mi mamá desde los catorce años, terminé recibiéndola cuando se enfermó. Estuvo dos meses en el hospital y me dijeron que se iba a morir. Yo le supliqué a Dios que me permitiera que mi mamá me conociera, aunque fuera cinco minutos para pedirle perdón y darle el amor que Dios y Alcohólicos Anónimos me regalaron. Hace nueve meses que mi madre vive conmigo y nos estamos conociendo. Me perdonó y la perdoné y hoy nos queremos.

Hoy, por la gracia de Dios, tengo trece años y medio en el programa. Me gusta servir y lo hago desde que llegué al programa. Me siento útil y feliz.

Margarita A.
Los Ángeles, California

Sólo salía a divertirme de vez en cuando

SETIEMBRE/OCTUBRE 2006

S i la policía no me hubiera parado esa noche, si el juez no me hubiera mandado a AA por ocho juntas, yo creo que nunca hubiera pisado una junta de Alcohólicos Anónimos.

¿Por qué ese día? Yo no había tomado como otras veces, que ni sabía cómo llegaba a mi casa o dónde me dormía. Cuando me metieron a la cárcel sentí una gran humillación, pero más vergonzoso fue cuando me mandaron a AA. ¡Yo no era alcohólica! No era de las que tomaban todos los días, ni de las que habían perdido trabajo, familia, o que había chocado. Yo era una mujer con un trabajo muy bueno. Tenía mi casa y una cuenta en el banco. Era "de buena familia". Sólo salía a divertirme de vez en cuando. A veces, cuando salía, ni siquiera tomaba porque tenía que trabajar al día siguiente.

Pero pasó que cuando bebía me transformaba en otra persona; me cambiaba la personalidad. Sin el alcohol yo no tenía personalidad. Era una persona muy seria, aburrida y malhumorada. Pero el alcohol me convertía en Juana Gallo, Lola la Trailera o Lucha Villa. Era un escape para mí. No me gustaba quien era yo, porque sentía un vacío en el alma que el alcohol llenaba, aunque sólo fuera por un ratito.

Buscaba quien me quisiera, quien me aceptara como era. Sentía vergüenza de mí misma y de mis actos, pero usaba una especie de máscara para que nadie se diera cuenta de quién era yo en verdad. Quería escapar de mí misma.

Cuando llegué a AA sentí mucha vergüenza y me senté al fondo del cuarto. Quise cumplir de un jalón con las juntas que me habían mandado y no volver nunca a pisar ese lugar. Pasó la semana y me fui. Después de tres meses me encontré con un compañero y me invitó otra vez a regresar. No fue la última vez que esto sucedió; pasé más de dos años entrando y saliendo, hasta que tuve que poner las cartas sobre la mesa y ver qué me convenía más, tomar o no tomar. No quería volver a la cárcel, puesto que ya había caído allí por segunda vez. No podía perder mi trabajo ni mi familia. Me estaba volviendo loca el seguir tomando y seguir yendo al grupo.

Sabía que algo tenía que pasar para que yo de plano dijera: "Ya basta. Declárate alcohólica". El problema era que era yo la que no me quería y no me aceptaba, la que maltrataba a mi propia persona. Y no podía enfrentar a esa Olivia.

Ya he pasado unas cuantas 24 horas dentro del grupo. Poco a poco he trabajado el programa y siento que he avanzado mucho. Acabo de hacer mi Cuarto y Quinto Pasos y quería dormirme en mis laureles. Creía que con eso terminaba todo y que ya iba a estar feliz y contenta. Pero me dijeron una vez más: "Esto es para toda la vida". Hay que hacer inventarios diarios, hay que meditar y orar y, más que nada, pasar el mensaje al que aún está sufriendo. Gracias a Dios y a los alcohólicos que tuvieron paciencia conmigo. Yo sola no lo pude hacer.

Olivia
por correo electrónico

Ayudando a otras
ENERO/FEBRERO 2018

Mi nombre es Marina V., soy alcohólica anónima, después de haber bebido y consumido drogas, químicos y permitirle a mi esposo, padres, hermanos, y a cualquier otra persona que opinaran por mí, que decidieran por mí, o sea que hicieran de mí todo lo que ellos quisieran.

La violencia doméstica me llevó al hospital por dos años, y luego al Hospital Patton, en San Bernardino, sin poder dejar de beber, pues aunque permanecía amarrada a una cama de pies y manos, una de las personas que limpiaba me traía, escondida en su cuerpo, una botellita de whisky que yo bebía a traguitos.

La locura continuó por seis años, un día me pararon de la cama y no pude caminar, no podía alejar de mi pensamiento el deseo de morir, quitarme la vida, porque mi vida, sin las personas que me abusaban, no tenía sentido.

Sinceramente me hacían falta, era adicta a los abusos o sea a la mala vida. Me atendieron con médicos, me hicieron caminar después de cirugías en piernas, brazo y columna vertebral. Me dejaron salir con una trabajadora social pero con una condición: tenía que ir a AA.

Salí del Hospital Psiquiátrico Patton y fui a AA. No podía parar de beber. El tres de enero de 2001 pedí ayuda, y desde entonces no he vuelto a beber, gracias a Dios y a mis compañeros del grupo "Nuevos Horizontes", de Riverside.

Después de haber colaborado en todos los servicios me quedé participando en el Comité del Paso Doce, por un lapso de aproximadamente trece años.

Un día recibí una llamada del supervisor de la cárcel, en Riverside, una cárcel para mujeres. Me pidió que si podía entrar a ese recinto para ayudar a las mujeres que tienen cinco años o menos para salir y ayudar a prepararlas a integrarse de nuevo a la sociedad.

Con la ayuda de un programa de Doce Pasos, es un honor servir a los demás y sobre todo si son mujeres. En mi área la mujer no tiene mucha oportunidad, llega al grupo y no se queda, se enamora, hace préstamos y se va.

Agradezco a Dios y a los padrinos que han gastado tiempo, dinero y esfuerzo para que yo pueda seguir aprendiendo a encontrar cada día una vida nueva, así después de estar en el hospital psiquiátrico, hoy entro a la cárcel de mujeres, pero para ayudarlas. Si yo puedo cualquiera puede, con la ayuda de Dios y AA, tengo 24 horas de sobriedad.

Marina V.
Corona, California

Adentro o afuera mi meta es la formación de mi carácter

SETIEMBRE/OCTUBRE 1999

M e llamo María y soy alcohólica. Tengo 35 años, los mismos que he desperdiciado de la manera más tonta, viviendo una vida totalmente desenfrenada; pero como todo tiene un límite, me frenaron, y aquí estoy en una prisión por causa de mis instintos descarriados. Definitivamente necesitaba este freno para poder domar mis defectos de carácter.

Tengo nueve meses en esta prisión y, gracias a Dios y a Alcohólicos Anónimos, ahora tengo el tiempo suficiente para meditar sobre mi pasado, mi presente y, ¿por qué no?, mi futuro.

Regresemos al pasado. AA me enseña que hay personas enfermas de las emociones. Me considero parte de esta clasificación. Me remonto a la primera etapa, mi niñez. Recuerdo que era muy activa, no me gustaban los juegos tranquilos, siempre inventaba o sugería juegos emocionantes, agitados o llenos de suspenso. Desgraciadamente mis padres, aunque me detectaron este defecto, por X razón no me ayudaron a corregirlo, aunque sí me pegaban mis buenos azotes casi a diario. Ellos me decían que lo hacían para corregirme, pero tuvieron el efecto opuesto.

En mi adolescencia comencé a mentir y a manipularlos para que no me pegaran y, según yo, para tratar de llevar a cabo mis ambiciones. Recuerdo que le decía a mi madre: "¿Cómo quiere que seamos alguien en la vida si mi papá no nos deja salir, y por todo nos pega?"

Mi madre me contestaba: "A la única a la que le pegan es a ti porque no te aguantas y porque eres muy ocurrente." Yo me enojaba y me deprimía. Desde niña comenzó a formárseme una idea en la mente. Me sentía diferente a los demás, siempre en constante estado de ansiedad, ya fuera física o mental.

A los dieciocho años, muy enfadada de estar bajo el yugo de mis padres, me ennovié con un profesor de secundaria. A los tres meses de andar con él, lo manipulé con una sarta de mentiras para que me llevara a vivir con él, pues lo único que quería era independizarme de mis padres. Ahí fue donde comenzó mi verdadero sufrimiento. Nos casamos y, como era de esperarse, nos separamos y entonces principió mi peregrinar.

En realidad, nunca he sabido qué es lo que quiero, pues he tenido brillantes oportunidades en la vida, pero a causa de mi inestabilidad emocional, y la bebida, todo lo tiré por la borda. Conseguía buenos trabajos y los dejaba; igual con los hombres buenos, los explotaba y luego los botaba. Mi alcoholismo iba progresando.

Mi error fue que nunca acepté que era alcohólica porque me disfrazaba con ropas elegantes, joyas, un buen perfume y un amante adinerado para satisfacer mis caprichos. Así pasaba la vida, despilfarrando los botines de mis presas. A mis tres hijas nunca las tomé en cuenta, pues siempre me decía: "Las tengo como a hijas de ricos; nos les hace falta nada". Con dinero quería arreglarlo todo. Para mí, ser alcohólico significaba andar sucio y mendigando.

El día que fui arrestada, sentí que el juego con la vida había terminado. De pronto, me encontré en un lugar donde ya no tenía nada que apostar, mucho menos seguir jugando. Fue entonces cuando sentí que toqué fondo. Al fin habían parado al animal que se había desbocado dentro de mí, el cual nunca pude controlar para detener su loca carrera, en la cual atropelló y lastimó a mucha gente.

Mi actitud fue cien por ciento negativa. No quería aceptar que había perdido. Estuve tres días sin probar alimento ni beber agua. Sólo me mojaba los labios. Venía el sicólogo, el consejero y yo totalmente rebelde. Les decía que era mi vida y yo podía hacer con ella lo que quisiera. Al amanecer del cuarto día, recuerdo que me levanté. Me sentía bastante mal. Cuando caminaba sentía que los oídos me zumbaban, pero quería sentirme así, quería que ya terminara todo, nadie valía nada para mí, las cosas no tenían ningún sentido. En ese estado, entré a una pequeña biblioteca y tomé el Libro Grande de

AA. Principié a leerlo, y conforme más lo leía, más me identificaba. Ese día empecé a comer. Un guardia me dio una palmadita en la espalda como diciéndome: "¡Qué bueno que ya estás aceptando la situación!".

Cuando terminé de leer el Libro Grande, vi una dirección a la cual podía escribir pidiendo ayuda. Inmediatamente me puse a redactar una carta dándoles algunos pormenores de mi vida y pidiéndoles que me ayudaran, pues me sentía muy desesperada, quería cambiar, pero no sabía cómo hacerlo. Terminé mi carta, la envié a Grand Central Station, en Nueva York. Pasaron tres días y yo seguía leyendo el Libro Grande. Pensé que quizás no me contestarían y me sentí descorazonada. Pero al cuarto día recibí contestación a mi carta y el libro Doce Pasos y Doce Tradiciones. Cómo lloré de alegría al saber que se habían interesado en mí y la forma en que me invitaron a seguir. Me enviaron la primera dosis de medicina para combatir mi fatal enfermedad. Me hicieron sentir que no era la única persona anormal.

Esa primera carta y el Doce y Doce fueron un milagro para mí. A partir de estos maravillosos acontecimientos, toda mi vida tuvo un cambio positivo. Me aferré a AA como a una tabla de salvación de la cual hay otros náufragos aferrados para no hundirse. Cuento con la valiosa ayuda de mi padrino; sus cartas son de un valor incalculable, pues en ellas me enseña cómo andar por este camino. Me impulsa a seguir; aunque sólo conozco su nombre, siento que siempre está conmigo, pues sus sabios consejos me enseñan cómo desarrollarme en este maravilloso programa. Y por encima de todo, ahora tengo un Poder Superior que es Dios como yo lo concibo.

Ya han pasado nueve meses desde que llegué a la cárcel. No sé cuánto tiempo más voy a estar aquí, pero eso no me interesa mucho pues mi meta es la formación de mi carácter. Ya sea aquí adentro o afuera, creo que el lugar es lo que menos importa — lo importante es actuar al reconocer nuestra enfermedad.

María F.
Florence, Arizona

Feliz con mi nueva forma de vivir
SETIEMBRE/OCTUBRE 2006

Tengo cincuenta y tres años y hace siete que llegué a AA, después de treinta de alcoholismo. Estuve casada por veintisiete años y parí tres hijos, dentro de un matrimonio con mi esposo y el alcohol.

Muy joven llegué a Nueva York, procedente de Honduras, junto con mi esposo, ya acostumbrados a beber durante todos los fines de semana. Llegar aquí fue como llegar al paraíso, pues con mucha facilidad se podían comprar cajas y más cajas de cerveza. Lo que nunca me imaginé fue hasta dónde me llevaría esa felicidad, ya que descubrí que con unas cuantas cervezas en mi cuerpo me convertía en la mujer más extrovertida del mundo, la más bella, la mejor bailarina en cualquier fiesta. Sin darme cuenta, la adicción al alcohol iba en aumento y la capacidad de mantenerme en pie disminuyendo.

Comenzaron entonces los problemas con mi esposo, mis hijos, mi mamá y el resto de la familia. Todos sufrían mucho por mi desenfrenada forma de beber. Empezaron entonces las "gomas" morales, al darme cuenta que mis hijos habían crecido y podían reclamar a esta madre por su espantosa forma de beber.

Mi esposo ya no me quería llevar a las fiestas. Si nos invitaban mediante tarjetas, las botaba, y si nos invitaban de palabra, pues simplemente no me decía nada; pero igual yo me las arreglaba para llegar a la fiesta y, si había tomado unas seis cervezas antes de llegar, resultaba mucho mejor. Mi mamá sufría muchísimo al verme salir muy borracha y manejar el carro.

Tuve varios accidentes, pero mi Diosito ya, desde entonces, me andaba cuidando, pues nunca caí en una comisaría, aun cuando causé dos grandes accidentes. En el primero, el chofer del carro que golpeé no quiso llamar a la policía y, en el segundo, en una noche tormentosa, la policía no me obligó a salir del carro y por lo tanto no se dieron cuenta de que estaba bien borracha.

Mi última borrachera fue en un bus de excursión en abril de 1999. El día 21 de ese mes de nuevo llegué al paraíso, pues así se llama mi grupo base. Ese día, cuándo el coordinador leyó la Tercera Tradición, yo levanté la mano aceptando así que soy alcohólica.

Llegué a este grupo con un terrible fondo de sufrimiento. Hoy en día, con la ayuda de un Poder Superior, buena voluntad y poniendo en práctica nuestros Doce Pasos de recuperación, siento que el propósito se está cumpliendo y soy una mujer feliz y útil, principalmente a nuestro programa, pasando el mensaje y poniendo en práctica nuestro tercer legado de servicio, para llegar al alcohólico que aún está sufriendo.

Este año es para mí un año de servicio muy especial, pues es mi tercer año como miembro del comité permanente de convenciones del estado de Nueva York, sede de la 34ª Convención Nacional de EE.UU. y Canadá.

Estoy enormemente agradecida a mi Poder Superior, a Alcohólicos Anónimos y en especial a mi grupo base, por haberme ayudado a encontrar esta nueva forma de vivir.

Amanda M.
Brooklyn, Nueva York.

CAPÍTULO SEIS

El programa de recuperación

Acción es la palabra mágica

"Sólo poniéndonos en acción podemos eliminar la obstinación que siempre ha bloqueado la entrada de Dios —o, si prefieres, de un Poder Superior— en nuestras vidas."
(Doce Pasos y Doce Tradiciones)

Carmen en "Reparaciones" nos describe la profunda transformación que el programa ha obrado en ella: "Hay tanta diferencia entre lo que yo creía que era y lo que es, entre lo que yo admitía ser y lo que soy en realidad, que sólo he podido asumirlo a fuerza de herir mi amor propio..."; Rogelia en "El resto de nuestros asuntos" parece continuar la historia de Carmen escribiendo: "El proceso fue lento y muchas veces doloroso, pero un nuevo sentimiento de gratitud había nacido en mí..."

A Irma le costó mucho admitir que tenía la enfermedad del alcoholismo, en su historia "Honestidad: la cualidad más importante..." nos cuenta cómo en Alcohólicos Anónimos encuentra una nueva manera de vivir "con sentido, serenidad y amor incondicional".

Estas mujeres alcohólicas nunca imaginaron que AA funcionaría para ellas, pero gracias a la llave de la buena voluntad y acción positiva, pudieron rendirse y comenzar a recorrer el Camino del Destino Feliz.

Al aplicar los principios del programa de Alcohólicos Anónimos, podemos cambiar nuestras vidas. Asumimos la responsabilidad de nuestra recuperación trabajando los Doce Pasos con una madrina o un padrino; nos involucramos en nuestro grupo base, asistimos a las reuniones con regularidad y compartimos con el recién llegado lo que se nos ha dado gratuitamente: el regalo de la recuperación.

La clave de la recuperación es enamorarse del programa
SETIEMBRE/OCTUBRE 2007

Comencé a ingerir alcohol a los diecisiete. Al principio era muy divertido, a pesar de las amnesias alcohólicas, que comenzaron muy pronto. Pienso que desde que comencé a ingerir alcohol, nunca lo hice socialmente. Desde la primera vez fue para emborracharme. Usualmente bebía con mi familia en las actividades familiares, que eran muchas durante el año.

En mi última borrachera comencé a beber a las 11:30 de la mañana y no paré hasta la medianoche. Al otro día por la mañana, como de costumbre, salí corriendo a la marquesina a ver si mi carro estaba allí. Quedé sorprendida al ver que mi carro estaba intacto. Luego entré al baño y, al mirarme en el espejo y ver que yo también estaba bien físicamente, no lo podía creer.

Lo único que me dije a mí misma esa mañana fué: "Esto es un milagro, pero si sigo tomando de esta manera voy a morir". Hacía un mes yo había recibido el mensaje de Alcohólicos Anónimos en la iglesia, y esa mañana me acordé de ese mensaje. Decidí llamar y asistí a una reunión esa misma noche. Se celebraba un aniversario y yo llegué muy asustada y nerviosa. Me sorprendió mucho el ver tanta gente tan alegre y llena de vida, sin una gota de alcohol en su cuerpo. Me recibieron con mucho amor y respeto, y eso me gustó. Enseguida me sentí bienvenida y segura en medio de todos ellos.

Al finalizar la reunión salí de allí llena de esperanza. Sentí que si me quedaba en esos grupos todo iba a estar bien. Al mes de estar visitando los distintos grupos escogí al grupo de Moca como mi grupo base y a los tres meses estaba coordinando la reunión del grupo. Este servicio fortaleció mi sobriedad y me hizo sentir una persona útil. Los servicios han formado una parte fundamental en mi recuperación. A través de todos los distintos servicios en los que he podido colaborar, le he ido tomando cariño a este maravilloso programa. Me dijo una vez un compañero que la clave de la recuperación estaba en enamorarse del programa y hoy en día yo puedo decir que "amo a Alcohólicos Anónimos".

Llegó un momento en mi recuperación en que yo simplemente miraba hacia el cielo y le decía a mi Poder Superior: "Dios mío, cuántas bendiciones más". Porque lo único que yo he recibido del programa han sido muchas bendiciones. Todo esto ha sido gracias a que le he ido dando a este programa. Fue al comenzar a darle a AA, que empecé a recibir. He comenzado a trabajar mis Pasos de recuperación con mi madrina.

Para mí todos los Pasos son importantes, pero si me dan a escoger, el Tercer Paso es el más significativo, ya que, si no pudiera llegar a una reunión o no encontrara con quién hablar, lo único que me va a salvar de no darme ese primer trago es mi contacto consciente con mi Poder Superior. Estos Pasos me han ayudado no sólo en mi caminar por la sobriedad, sino también a encontrar, conocer y autoanalizar a la verdadera Aricelis. Hoy en día he escogido el camino de la realidad, un camino donde nunca he estado. Por eso necesito a la comunidad de AA, un Poder Superior y la práctica continua de los Pasos de recuperación. Todo esto es lo que dirige mi camino hacia la voluntad de Dios. Todos los días le doy gracias a Dios por haberme presentado a esta gran comunidad de hombres y mujeres.

Aricelis
Grupo Moca, Puerto Rico

Las reparaciones
SETIEMBRE/OCTUBRE 2002

Me llamo Carmen, soy alcohólica y hoy no he bebido. Me gustaría compartir con vosotros sobre el Noveno Paso, las dificultades que tuve y sigo teniendo al practicarlo. Se dice que el programa de AA es sencillo pero también es cierto, por lo menos en mi caso, que ponerlo en práctica requiere de mi derrota y aceptación ante cada uno de esos sencillos pasos.

Hay tanta diferencia entre lo que yo creía que era y lo que es, entre lo que yo admitía ser y lo que soy en realidad, que sólo he podido asumirlo a fuerza de herir mi amor propio, y darme batacazos tratando de adquirir un mínimo de humildad. Este imprescindible ejercicio de honestidad no ha estado exento de dolor, afortunadamente constructivo, que nada tiene que ver con aquel sufrimiento que me llevó a pedir ayuda una tarde en que, sin saberlo, terminé dando un primer paso tembloroso y lleno de miedos.

Para llevar a cabo el Noveno Paso, lo primero que tuve que hacer fue aprender a perdonarme, a deshacerme del sentido de culpa que se había instalado en mí. Aprender también a perdonar a las personas que yo consideraba que me habían hecho daño. Sólo entonces pude pensar en las reparaciones que debía hacer, y cuál era la mejor manera de afrontarlas.

No conseguí dejar el consumo de alcohol por mí misma y, obviamente, no habría llegado a esta manera de ver las cosas sin la ayuda de Dios y de mis compañeros de grupo. Gracias a ellos reencontré el verdadero significado de algunas palabras que sabía desde niña y que había dejado olvidadas en algún rincón de mi cerebro. Con su ayuda y la del Poder Superior, que reencontré en el Segundo Paso, comencé a adquirir ese poco de humildad que andaba necesitando, y sobre todo, valor, honestidad y mucha buena voluntad para empezar a limar aquellos defectos de carácter que seguramente nacieron conmigo y que con el consumo inmoderado de alcohol se potenciaron al máximo.

Cuando comencé mi recuperación en AA quería pedirle perdón a todo el mundo y por cualquier cosa. Tenía la sensación de que debía hacerme perdonar hasta por el mero hecho de existir. Más tarde llegué a la conclusión de que la única perjudicada había sido yo: ¿De qué podía quejarse mi familia? Siempre cumplí con mis obligaciones. ¿Y mis amigos? Me mataba por ayudarles cuando lo necesitaban y, cuando no, también. En el trabajo daba el ciento cincuenta por ciento. ¿Qué más querían? En resumidas cuentas, me veía como un dechado de perfecciones con tan sólo un defecto pequeñito: de vez en cuando me pasaba con las copas.

La realidad, tal como la veo hoy, es que milagrosamente no causé daños irreparables, aunque ¿cómo se puede estar seguro de esto? Es cierto que conservo a mi familia y no es menos cierto que les herí por mi forma de beber, que frecuentemente sacaba lo peor que había en mi interior, y que yo exteriorizaba verbalmente acompañado de algún que otro portazo. Incomodé a mis amigos y les hice pasar malos ratos hablando de lo que no debía en el lugar inadecuado. Tengo constancia de que todas estas personas, familiares y amigos, respiraron aliviados al comprobar que de verdad había dejado de beber.

Esta fue mi primera reparación. Ahora tengo que seguir creciendo como persona para que mis reparaciones sean duraderas. Debo asumir la responsabilidad que me corresponde para que mis relaciones personales sean lo más gratas posibles.

En este paso salgo de la seguridad y protección que me ha estado proporcionando mi grupo de AA y me enfrento a la gente que forma parte de la sociedad en la que me muevo. En algunos casos tengo que arreglar los desaguisados que ocasioné. Lo intento prestándoles toda la atención de lo que soy capaz, y dándoles todo el amor que puedo dar. Desgraciadamente hay personas a las que es imposible que lleguen mis reparaciones. Esto me lleva a intentar que nadie más necesite "ser reparado" por mí.

Carmen
Madrid, España

La mente de una alcohólica

MARZO/ABRIL 2017

Yo llegué a las salas de AA sintiendo mucho miedo. No quería continuar con un dolor en el pecho que aprisionaba todos y cada uno de los rincones más apartados de mi ser. No sabía cómo dejar de sentir esto. Mi expareja y yo habíamos terminado una relación de algunos años. Vine buscando una escapatoria, a como diera lugar, de mí misma y de ese vacío que solía sentir cuando mis apegos afectivos y emocionales se alejaban.

Vine a Estados Unidos huyendo de mi país de origen, México. Busqué refugio en mi familia, pero no tardé mucho en empezar a tener roces y problemas con ellos también, por mi manera de ser.

Después de una fuerte discusión con mi madre, busqué ayuda a través del Internet y encontré un grupo de AA. Ese día, a través del teléfono, un padrino me dio las instrucciones y el apoyo para que yo pudiera llegar a mi grupo actual. En esa reunión, otro padrino me escuchó y me compartió su experiencia.

Después, seguí asistiendo a las reuniones y al principio se me hizo muy complicado. Comencé a escuchar las experiencias y al principio fue muy difícil comprender el mensaje que mis compañeros y compañeras querían enviarme, ya que yo no creía haber tomado tanto alcohol y creía saber manejar mi vida, pero, la verdad, nunca pude hacerlo.

Al pasar el tiempo hubo juntas que me hicieron vibrar, llorar y sentir que no estaba sola y que ellos sabían perfectamente lo que yo estaba pasando y sintiendo. Yo estaba muy deprimida, desesperada, cansada y sin un aliciente lo suficientemente grande que me impulsara a salir de ese letargo en el que me encontraba.

En estas salas de AA, y con la ayuda de mi madrina, he empezado a trabajar en cada uno de mis defectos de carácter, mis frustraciones que me hacían caer en borracheras secas. El trabajar conmigo misma no ha sido una tarea fácil, tampoco fue fácil admitir que era alcohólica.

Asistiendo a los grupos encuentro la ayuda para curar mis heridas y encontrarme a mí misma, para poder funcionar. He empezado a sanar interiormente, he empezado a perdonarme y a perdonar, poco a poco, los daños causados y los que me han causado.

Mi madrina me ha ayudado a recuperar la seguridad y la confianza en mí a través de soltar las riendas de mi vida y poniendo mi voluntad al cuidado de mi Poder Superior. El día de hoy ese dolor en el pecho que sentía cuando llegué a mi grupo, ha cambiado.

Empiezo a mirar los problemas de otra manera. Gracias a las experiencias compartidas de mis compañeros del grupo y mi madrina, la relación con mi madre y con mi familia ha cambiado. Hoy, a través de ellos recibo fortaleza, y tengo la esperanza de un mañana acorde a la voluntad de mi Poder Superior, porque sé que no estoy sola.

Adriana C.
San José, California

El día de los inocentes
MAYO/JUNIO 2005

Un día 28 de diciembre, Día de los Inocentes, salí del trabajo a las dieciocho horas con rumbo a una iglesia. Pedí un auto, tenía sólo quince minutos para llegar, que creo que fueron los más interminables de mi vida. Llegué y bajé unas escaleras al costado de la iglesia. Había una reunión de gente con velas. Me asomé y pregunté: "¿Alcohólicos Anónimos?" "¡No!" me respondieron. Llena de vergüenza, volví a preguntar. Me dijeron que pasara una puerta, donde había una escalera, y que subiera hasta un salón donde estaban ellos. Pasé la puerta y nada, no encontraba las escaleras, volví a preguntar y ahí sí me indicaron correctamente. Sentía que el mundo entero se estaba enterando de mis borracheras, pero mi tristeza era tan grande, que quería llegar a ver qué era esto de Alcohólicos Anónimos. Sólo pensaba en los ojos de mi hija, hinchados de tanto llorar, que se iluminaron cuando le dije: "Te prometo que el jueves voy a A.A. Me voy a curar para vos". Y ahí estaba, muerta de vergüenza y miedo, yo, una mujer que se llevaba el mundo por delante, que había podido con todo. Pero algo estaba pasando, algo se me escapaba del control, y sólo bastó leer el Primer Paso para darme cuenta. Por fin encontré las escaleras correctas, abrí la puerta de golpe y pregunté: "¿Esto es Alcohólicos Anónimos?" "¡Sí!" me contestó la coordinadora.

Ahí empezó todo. Recuerdo que me senté, me preguntaron si era la primera vez y contesté que sí. Me dijeron que si quería, podía compartir acerca de mi manera de tomar. Lo hice y nadie se asustó. Todos asentían con la cabeza. Había gente normal, bien vestida, educada. No el borracho que yo pensaba encontrar, ése de la calle, lo que yo no era, yo que era una señorita y tenía una hija maravillosa, un trabajo excelente, y a quien hacía unos meses la habían ascendido y aumentado el sueldo, y tenía una familia que me adoraba.

A veces, cuando tomaba unas copitas de más, mis tías decían: "Pobrecita la Eli, luchó tanto por su vida, pobrecita". Y la Eli no podía parar de tomar. Se emborrachaba en soledad todas las noches.

Pude disimular mis borracheras unos años, pero a medida que esta cruel enfermedad avanzaba, no podía más y no entendía por qué no podía parar de tomar. Vinieron los primeros "papelones" grandes. Después de uno de ésos, un triste diciembre de 2000, llamé al número de información de la compañía telefónica y pregunté el número de AA. Llamé a ese número, pregunté por grupos en mi barrio y me dieron un montón. El que me quedaba más cerca, en una iglesia, lo dejé para más adelante. A otro grupo céntrico no quería ir porque todo el barrio se iba a enterar que era borracha. Pero si me vieran entrar en la iglesia, podían creer que iba a misa, a Al-Anon, o a pedir fecha de casamiento.

Gracias a mi Poder Superior, reconocí que algo me pasaba con el alcohol cuando vi los ojos llorosos de mi hija. Cuando la vi, le pregunté con esa soberbia de los borrachos: "¿Y a vos qué te pasa?" Y ella me contestó: "¿Y a vos qué te parece?". "¿Es por lo que tomo?" pregunté y la abracé llorando. Fue en ese momento que apareció de nuevo en mi mente AA, y no me quedaba otra.

A partir de ese Día de los Inocentes, yo perdí la inocencia frente al alcohol y gané la felicidad. Supe que mi destino estaba en mis manos y que en mis manos están las de Dios.

Cada 24 horas que paso sin alcohol, me acerco más a la sobriedad. Me enseñaron que éste es un programa de fe y esperanza y por eso tengo la ilusión de llegar a ser una veterana. No quiero proyectarme, pero cuando sea viejita y venga una mujer como yo, que crea que había podido con todo y todos pero que tenga el alma destruida, le podré contar esta historia y decirle: "Date una oportunidad. La vida con alcohol ya la conocés. Esta es otra vida ".

Élida M.
Buenos Aires, Argentina

En el resto de nuestros asuntos
MAYO/JUNIO 2000

Primero que todo quiero expresar mi gratitud a todos ustedes por el privilegio y la oportunidad que me brindan de compartir con ustedes mi propia experiencia individual en la forma en que utilizo las Tradiciones en mi vida cotidiana.

Intentar hablar detalladamente de cada una de las Tradiciones probablemente resultaría en una charla demasiado larga y, además, estoy segura que omitiría muchas cosas interesantes e importantes. Creo que por este motivo lo mejor sería ofrecerles una vista panorámica, enfocando a las Tradiciones en su conjunto, hablando un poco sobre mi experiencia más temprana con las Tradiciones y otro poco acerca de la manera en que luego comencé a ponerlas en práctica.

Mi primer contacto con las Tradiciones llegó de manera natural debido a mi práctica de los Pasos y, sobre todo, cuando comencé a conocerme por medio del Cuarto y Quinto Pasos — con regocijo y sinceridad, sin resentimientos y, más importante, sin temor. Comencé a sentirme bien. Comencé a sentir lo que por primera vez sentí el día que llegué a AA: que por fin había encontrado lo que por mucho tiempo había estado buscando. Era algo real y presente y no quería perderlo.

El proceso fue lento y muchas veces doloroso, pero un nuevo sentimiento de gratitud había nacido en mí. Gratitud por algo que me brindaba la oportunidad de aprender la forma de vivir. Me sentí agradecida con mi grupo y mis compañeros; pero ¿qué decir de mi familia que había tenido que soportar mis mentiras, mis cambios de humor, mis groserías, mi egoísmo? ¿Y qué decir del resto de la sociedad, de mi trabajo, y de mis amigos a quienes siempre utilicé según me convenía?

¿Era suficiente sentirme agradecida? Obviamente que no, porque con la gente que me caía bien y con quien me iba a las mil maravillas —ya sea en mi grupo o en cualquier otra parte— siempre hice un esfuerzo por ser agradable y simpática y amena y, poco a poco, me las arreglé para lograrlo; ¿pero qué hacer con mi familia y con los íntimos amigos quienes tenían que continuar soportando mis malos humores, mi egoísmo e incluso mis faltas de respeto, y con aquellos que me decían que estaba actuando mal? ¿Hice un esfuerzo por escucharles y tratar de comprender lo que decían? ¿Del mismo modo que lo hacía con aquéllos que siempre me decían que tenía la razón? ¡De nuevo la respuesta era obviamente que no!

Compartí estas emociones con mi grupo y con mi madrina. Me di cuenta que estaba actuando de una manera irresponsable; lo único que me interesaba era mi felicidad. Esto hizo que tratara de depositar en las Tradiciones la misma energía que le había dedicado a los Pasos, primero leyendo sobre ellas en voz alta y escuchando y, luego, paulatinamente, poniéndolas en práctica. Las puse en práctica primero con mi grupo, donde estaba rodeada por el calor y el afecto de mis compañeros que se mostraron tolerantes y comprensivos y cariñosos, etc., y quienes, a través de su ejemplo, me transmitieron experiencia y fortaleza, quienes me dijeron que no importaba si había cometido un error. Siempre podría comenzar de nuevo. Lo importante era seguir intentando, con este objetivo utilicé la misma estrategia que utilizado con el resto del programa: los Pasos, los Lemas, las Publicaciones, etc. Reconocí su eficacia como una suerte de sendero que me conduciría a un refugio seguro, ofreciéndome armonía y serenidad —aunque muchas veces no me gustara— e incluso, si era necesario, que modificara mi comportamiento.

Comencé a practicar la gratitud que sentía volviéndome responsable, asistiendo a mis reuniones de recuperación, cumpliendo con los compromisos que había hecho, prestando servicio — en resumen, compartiendo y ayudando a difundir el mensaje de AA.

El conocer y respetar las Tradiciones como complementos de nuestro Primer Legado fue algo parecido a los milagros que se reciben en AA. Me hizo ver que no soy indispensable, ni siquiera importante, en mi casa, ni en mi trabajo, ni para mis amigos — ni siquiera cuando presto cualquier tipo de servicio en AA.

En mi vida cotidiana, las Tradiciones me brindaron: calma, serenidad, paz interior, amor, comprensión. Por medio de ellas reconocí, del mismo modo que con los Pasos, que no puedo ser la mujer orquesta. Y nuevamente deposité mi fe en un Poder Superior.

Comencé a ser yo misma, a vivir y comportarme de acuerdo a los dictados de mi conciencia: en los momentos alegres o en los tristes; con determinación o con tolerancia, cometiendo errores y reconociendo que los he cometido. Fui capaz de ver que las Doce Tradiciones eran tan esenciales para mi estabilidad como todos los otros principios que nuestra comunidad me brinda y sin los cuales no podría funcionar.

Me fue otorgado el sentido del deber y de la responsabilidad. Aceptar la vida como me fue dada; y, vivirla, tanto los días buenos como los malos, con serena voluntad. Probando ser feliz y hacer feliz a quienes me rodean — en todos los aspectos de mi vida y en todos los lugares: en el hogar, en el trabajo, con familiares y amigos y conocidos; y, sobre todo, siendo responsable a sabiendas de todos mis actos — domésticos, sociales, financieros, etc.

Fue así que aprendí a aplicar —a practicar— las Tradiciones, como instrumentos indispensables para mi recuperación, de la misma forma en que un día tuve que aceptar mi alcoholismo, entregarle mi vida a un Poder Superior a mí misma y confiar en el prójimo. Y cuando practiqué las Tradiciones, fui capaz de renunciar al "yo" de mi punto de vista en provecho del "nosotros" — incrementando de este modo mi propio bienestar, aceptando al prójimo sin resentimientos arrogantes, sin considerar sus condiciones ni circunstancias.

Comencé a sentir el lado espiritual de las Tradiciones. Y esto hizo factible que pudiera empezar a difundir el mensaje vital por medio de nuestros Tres Legados. Un mensaje en pro de la vida que diariamente me brinda una oportunidad para trabajar con el prójimo. De la misma manera en que alguna vez ustedes lo hicieron conmigo. Aunque algunas veces se me olvida, también he aprendido que cuento con todos ustedes para recordarme cuál es el sendero correcto.

Siempre he de intentar ser afectuosa, compasiva, tolerante y, sobre todo, respetuosa. Todo lo que nunca fui. Sé que el camino es lento y tortuoso. Pero también sé que puedo arreglármelas día a día; del mismo modo en que un día me las arreglé para no beber la primera copa.

Gracias por su confianza y felices 24 horas de sobriedad.

Rogelia M. V.
España

La cualidad más importante

MARZO/ABRIL 2004

Me costó mucho admitir que tenía la enfermedad del alcoholismo, pero en Alcohólicos Anónimos encontré una nueva manera de vivir sin tomar esa primera copa. La cualidad más importante que estoy aprendiendo en AA es la honestidad. El programa está salvando mi vida y siempre estoy pendiente de esa cualidad.

Para no tomar tengo que vivir en base a principios espirituales y practicar la honestidad, además de pasar el mensaje al que viene por primera vez.

Voy a mis juntas y allí puedo decir sin temor que soy alcohólica y que tengo problemas, y que no quiero sufrir ni dañar más a mis seres queridos. Estoy en AA para sentirme mejor y para dar de mí a aquellos que quieren y no pueden dejar de beber. Soy un ejemplo viviente de que el Primer Paso funciona, si quieres y te derrotas ante ese rey de la destrucción que es el alcohol. Si lo haces, podrás tener cosas que nunca imaginaste, una vida sin alcohol, con sentido, serenidad y amor incondicional. Si practicas el programa de los Doce Pasos, te beneficiarás tú y todos lo que pasen por tu vida. Luego transmitirás todo lo bueno que aprendiste y la vida tendrá un nuevo significado. Serás un buen amigo del que viene por primera vez.

Con honestidad, le podrás contar tu historia, cómo funciona el programa y, especialmente, cómo tú lo estás haciendo.

Irma C.
San Antonio, Texas

El pequeño detalle

MAYO/JUNIO 2018

Cuando mi madrina me sugirió que asistiera a unas juntas de AA pensé: ¿Esta mujer está loca o qué? Yo no soy alcohólica. Ciertamente provengo de un hogar alcohólico, mis padres son alcohólicos en recuperación, ambos asisten a AA y yo fui a Alateen, hijos adultos de padres alcohólicos, y Al-Anon, pues me casé con un alcohólico.

Después de divorciarme y luego de dieciocho años dedicada a ver crecer a mis hijos me dije, voy a darme una segunda oportunidad y buscar una nueva pareja. Pero olvidé un pequeño detalle: yo soy neurótica, los familiares de los alcohólicos somos neuróticos por necesidad y obviamente iba a buscar a alguien tan enfermo como yo. Sin darme cuenta empecé a beber.

Mi madrina me dijo: "Esta relación no te está haciendo bien, de entrada ya te mandó a beber". Eso me hizo pensar bastante y preguntarme: ¿Cómo era posible que yo, siendo la más exagerada de mi familia en cuanto al alcohol, ahora lo estuviera bebiendo? ¿Qué ejemplo le estaba dando a mis hijos? En mi primer matrimonio hubo violencia doméstica además de abuso verbal. Tenía miedo, mucho miedo a iniciar otra relación.

Trabajando con mi madrina me di cuenta de que yo misma propicié todo para volver a caer en mi papel de víctima. No confío, no creo que merezca algo bueno, mi autoestima estaba tan baja que acepté ser la segunda mujer de ese hombre. Fue por eso que empecé a beber. No era justo, pensaba yo, esperé tantos años para esto. Dios es justo y bueno pero yo estoy enferma de mis emociones.

Llegar a AA fue lo mejor que pudo pasarme, he dejado de beber. Sirvo en mi grupo y eso me ha ayudado a vencer muchos de mis miedos. Miedo a estar en un grupo de AA donde la mayoría son hombres, ahora puedo platicar y estar entre ellos y verlos como mis compañeros. Perdí el miedo a hablar en público, incluso me daba vergüenza hacer las rifas de la literatura, ¡hoy ya no!

Estoy feliz en mi grupo, feliz con mi servicio. Trato de hacerlo lo mejor que yo puedo. Ojalá pueda ser ejemplo para mi familia. Agradezco a Dios por haberme permitido conocer a mi madrina. El camino no ha sido muy fácil, pero estoy agradecida de haber comenzado a conocerme. Cada día hay nuevos retos y Dios me sorprende cada día con nuevos regalos a través de mis compañeros en AA. El conocimiento nunca termina y el compartir tampoco. Gracias por permitirme ser parte de esta gran familia.

Anónimo
National City, California

CAPÍTULO SIETE

La familia

❧

El milagro de la reconciliación

E l alcoholismo es devastador para todos los miembros de la familia. En este capítulo, las mujeres de AA comparten sus experiencias enfrentando su enfermedad, sanando el pasado y navegando sobrias las relaciones familiares en el presente. María, en "Un callejón sin salida", se encuentra sumergida en todas estas emociones que no logra entender, las contradicciones emocionales, la incapacidad de afrontar su propia vida, de ser madre, las recaídas... la soledad, hasta que recibe el mensaje de esperanza y experimenta una milagrosa transformación, "así como un día decidí quitarme la vida, hoy deseo vivir cada día".

Así son las vidas ingobernables de estas mujeres alcohólicas; llenas de confusión, dolor y negación, como un "huracán rugiente que pasa por las vidas de otros. Se destrozan corazones. Mueren dulces relaciones... Hábitos egoístas y desconsiderados han tenido el hogar en un constante alboroto..." *(Alcohólicos Anónimos, Cap. 6)* .

Alma R., en "Atrapada", nos cuenta cómo logra recuperar el amor de sus hijos y hoy vive una vida tranquila y digna.

En "El primer día del resto de su vida", Sharon poco sabía de la angustia y el miedo que su familia sentía cuando tomaron la decisión de buscar ayuda. Ella nos relata cómo trabajando los Pasos de Alcohólicos Anónimos descubre a esa persona que había dentro de sí misma y logra liberarse de las cadenas del alcoholismo.

Instinto maternal

JULIO/AGOSTO 2012

Desde niña conocí el alcohol ya que vengo de una familia donde todos eran alcohólicos.

Se reunían en casa de mi mamá, hacían fiestas continuamente y siempre terminaban muy bebidos y en algunas ocasiones se agarraban a golpes.

Recuerdo que cuando mi madre tomaba le daba por cantar, por cierto que cantaba lindo, pero seguía tomando y luego lloraba mientras yo la miraba atemorizada. Al otro día ella amanecía con una cruda inmensa, se ponía de muy mal humor y gritaba, yo tenía como siete u ocho años y le tenía mucho miedo.

Deseaba tanto que me abrazara y que me dijera que me quería, pero eso nunca ocurrió. Mi madre se me acercaba sólo cuando me daba golpes. Imaginaba que cuando tuviese mis propios hijos yo los abrazaría diciéndoles que los amaba.

Eran buenos pensamientos pero cuando los hijos llegaron a mi vida, yo ya era una alcohólica y no podía parar de beber. Les di una vida de miseria, bebía delante de ellos y los maltrataba física y emocionalmente, no los respetaba. Los arrastré conmigo, fui peor que mi madre. En una ocasión mis "amigos" me invitaron a tomar, les dije que primero acostaría a los niños, y así lo hice, llegué a mi cuarto, un cuarto que mi mamá me prestaba, y cuando se quedaron dormidos me fui con mis amigos.

Al hacer contacto con el alcohol se me olvidó que mis hijos estaban solos. Cuando me di cuenta ya eran las cuatro de la mañana y estaba muy tomada. Llegué y me encontré con la puerta ya cerrada, agarré un cuchillo y la abrí. Ahí estaba mi mamá sentada en el sillón, con mi niño de un año en brazos. No me regañó como otras veces, pero las lágrimas rodaban por su rostro cuando dejó al niño y se fue.

Ni las lágrimas de mi mamá, ni las de mis hijos me habían impedido seguir bebiendo. Yo ya tenía muchos años con los sentimientos congelados pero ese día fue diferente, me sentí muy mal y empecé a llorar como una niña, empecé a gritarle a Dios que, si de verdad existía, me ayudara, yo ya no podía sola.

Dios escuchó mis oraciones y las oraciones de mi mamá porque ella nunca perdió la fe, un día mi mamá me invitó a una junta de AA, era un aniversario, ella ya tenía cinco años en Alcohólicos Anónimos y yo no lo sabía, acepté ir con ella.

Al llegar a la reunión mi madre me ubicó en un asiento enfrente de todos, yo quería salir corriendo, me sentía muy nerviosa y al escuchar a las personas que subieron a la tribuna para darme información, quise levantarme pero ella me puso su mano en mi hombro y me quedé. Subió una muchacha que compartió sus experiencias bebiendo y eran iguales a las mías, por un momento pensé que mi mamá les había contado algo de mí.

Pero me di cuenta que ya no estaba sola y después de ese día seguí asistiendo acompañada siempre de mi mamá.

Ahora me dice lo mucho que me quiere y cuán orgullosa se siente de mí. Incluso me pidió perdón por no haber sido una buena madre. Gracias a Alcohólicos Anónimos pude perdonarme y perdonar a mi mamá ya que estaba muy resentida con ella. Ahora quiero mucho a mi familia y a mis hijos los amo. Cómo no voy a estar agradecida con los AA si hoy soy feliz con mi nueva vida.

Tereza
Stockton, California

Callejón sin salida
MARZO/ABRIL 2020

Recordar cómo fue mi llegada al programa de AA es retroceder a un recuerdo doloroso, pues me encontraba en un callejón sin salida. Busqué la iglesia y otros medios, con el sincero deseo de dejar la bebida, ya que ésta me traía cada día más problemas, pero no pude lograr la sobriedad.

Tomé la decisión de terminar con mi vida y la de mis hijos, tenía una semana para hacerlo. Ya había tomado esa decisión y antes de la semana muere mi esposo, fue devastador ver a uno de mis hijos sufrir por la partida de su padre. Bueno, tenía que irme de esta vida más pronto, cuando una tarde me dan el mensaje, y esta era mi última esperanza.

Esa llamada cambió mi vida, quise intentar sólo por última vez. Me juré a mí misma que si esto no funcionaba tenía que irme de esta vida, pues no encontraba sentido a los días. Veía a mis hijos tristes, y cuando bebía, lloraba porque me sentía vacía.

Me frustraba el no poder ser una madre para ellos, y en mi tonta idea de saber que yo los traje al mundo, yo decidía que quería terminar con mi vida y la de ellos.

Llegué a una reunión de AA y me sentí protegida, ese día me sonreí como hacía tiempo no lo hacía. No sé qué pasó, pero al siguiente día no tomé y sabía que un milagro se había hecho en mí. Me pregunté si algo le pusieron al café o algo hicieron, y regresé para descubrir qué habrían hecho para que yo no tomara. Ahora sé que Dios me dio la oportunidad de conocer algo maravilloso que había salvado mi vida y la de mis hijos.

Ahora sé que el programa de AA funciona y comprendí que el alcoholismo es una enfermedad con la que día a día lucho, y ahora sé que no estoy sola, somos una hermandad. Y a ti mujer, si estás leyendo esto, te digo que hay una solución para el alcoholismo, y te ahorras muchos problemas en tu vida de antemano.

Hoy, así como un día decidí quitarme la vida, hoy deseo vivir cada día. Por primera vez les digo a mis hijos "te amo" y los abrazo. Sé que no fue mi culpa. Aprendí a perdonarme, y aquí he aprendido y cada día aprendo y lucho por estar sobria.

Gracias a Dios que no te equivocaste al mandarme al lugar indicado a trabajar el programa de AA. Te digo que soy privilegiada de pertenecer a esta sociedad de AA, soy alcohólica anónima. Gracias por prestar atención.

María O.
Houston, Texas

No descuido mi sobriedad
ENERO/FEBRERO 2007

Una Navidad, siendo una niña de siete años, tuve mi primera borrachera. Pasaron varios años sin que probara el licor, hasta que en la adolescencia, buscando descubrir nuevas cosas y sus efectos, tomé ocasionalmente. Ya siendo más grande empecé a querer evadirme de la realidad, y bebía a escondidas, especialmente por las noches.

Me daba lo mismo que la bebida estuviese fría en invierno o caliente en verano; yo sólo quería escapar de los problemas familiares, que comenzaron a surgir por mi manera de beber, junto con el descuido personal y el abandono de los trabajos, en los que se daban cuenta de mi problema con el alcohol. No era una persona agresiva, pero comencé a llenarme de odio, rencor y resentimientos. Mi vida se había vuelto ingobernable y solamente vivía pensando cómo conseguir un trago.

En 1979 un familiar me llevó a una reunión abierta de AA y preguntó al panel acerca de cómo ayudar a una sobrina querida que era borracha. Esto me ocasionó un gran dolor y rabia y aunque me quedé en la comunidad por mi soberbia y hasta hice servicio, tuve una recaída, corta pero desastrosa. Cuando volví pidiendo ayuda, llegué sorda, muda, casi ciega y sin poder caminar, en una derrota total. Me di cuenta que todo lo que se me había dicho se había cumplido por no ser obediente en poner en práctica el programa.

Estando internada fui otra vez iluminada por mi Ser Superior y me di otra oportunidad, con la diferencia que me acepté y reconocí que era una enferma alcohólica de por vida y que si transitaba los Doce Pasos y las Doce Tradiciones, lo que el programa de AA me ofrecía se cumpliría.

Comencé nuevamente de a poco y hoy llevo veinticuatro años de sobriedad. Me ayudó mucho hacer servicio. Hice los primeros en el grupo, y fui adquiriendo más responsabilidad. Después de unos años fui RSG y en la actualidad soy Delegada de CCP y Directora del Área Sur de Córdoba, Río Cuarto.

No descuido mi sobriedad y concurro a las reuniones. Dejé de preocuparme por mí y pongo en práctica el "Yo soy responsable".

Soy feliz y disfruto de mi familia. Por el alcohol no pude ser madre, pero mi Ser Superior me dio una sobrina y un sobrino nieto, que es también ahijado.

Aunque me pasaron cosas feas (mi padre murió de cáncer después de conseguir su sobriedad en AA, varios años después que yo, y sufrí la muerte de una hermana, también de cáncer) el estar en la comunidad de AA me ayudó a aceptar las cosas que no puedo cambiar, junto con mis compañeros y sin beber.

Mirta M.
San Luis, Argentina

Atrapada
SETIEMBRE/OCTUBRE 2016

Todavía recuerdo ese día nublado, era la despedida de papá. Había regresado de los Estados Unidos a nuestra tierra natal, en Zacatecas, con el propósito de pedirle el divorcio a mamá. Era un tormento escuchar los pleitos entre ellos.

Mi papá regresó a los Estados Unidos y jamás volví a verlo. Falleció en un accidente de trabajo y esa niña confundida no entendió la pérdida. Intenté olvidar con una copa en la mano y así le di comienzo a mi carrera de bebedora.

Quise olvidar con el alcohol cada pasaje de mi vida y sacudirme esos recuerdos fatales que me llenaban de resentimiento. En el momento me sentía bien pero llegó el día en que ya no pude más.

Sentí en lo más profundo de mí, que necesitaba ayuda. Sufría de una gran depresión, había perdido el deseo de vivir y estaba al borde de perder mi familia.

Así llegué a Alcohólicos Anónimos. Aunque no pude recuperar mi hogar, hoy vivo una vida tranquila, digna. No es fácil trabajar con honestidad y acción, pero sí se puede. Siempre me digo: "Sólo por hoy", "sólo por estas 24 horas", no ingerí alcohol.

Pude recuperar el amor de mis hijos, hoy son profesionales, nos vemos cuando están de vacaciones o cada vez que ellos pueden. Tengo una vida diferente, tengo mi grupo base y lo más importante: he aceptado mi derrota ante el alcohol.

Y cuando los problemas se presentan, en cualquier situación, en cualquier momento, regreso al Primer Paso que me lleva a la aceptación, dejando cada problema y cada situación con mi Dios, como yo lo concibo. Me doy cuenta de que lo posible lo tendré que hacer yo, y lo imposible, mi Dios.

Alma R.
Fort Worth, Texas

Una madre sobria
MAYO/JUNIO 2017

Mi nombre es Ebelina y soy alcohólica. Hace diez años fui rescatada de las garras del alcohol que había estado usando desde que tenía alrededor de nueve años.

Mi experiencia es similar a la de la mayoría de los alcohólicos: Mi padre era alcohólico y mi madre también consumía alcohol en esos tiempos. Yo pensaba que al crecer haría lo mismo. Yo me imaginaba que cuando fuese mayor viviría sola, sin hijos, para disfrutar de una vida alegre, de fiesta en fiesta.

En pocas palabras, yo no tenía un objetivo claro, ni mucho menos un Poder Superior. Cuando cumplí veintiún años tuve mi última borrachera. Sufrí una congestión alcohólica y dejé un desastre en la casa que vivía.

Después de ese incidente decidí no volver a beber y de manera coincidencial, unos meses después, llegué a Alcohólicos Anónimos, conocí a mi madrina y empecé un apadrinamiento. Con el tiempo conocí a mi compañero con quien tuve dos hijas, una experiencia que no hubiera disfrutado en mi actividad alcohólica.

No todo es color de rosa, como he aprendido en AA, soy alcohólica y tengo una mente muy complicada, me cuesta mucho lidiar con mis defectos de carácter, sinceramente con este servicio de criar a mis hijas he tenido que echarle más ganas a mi sobriedad, pues ellas dependen de mí.

Algunas veces he tenido que encerrarme a llorar, pues es difícil criar unas criaturas y más aún sin haber tenido un ejemplo, pues todo lo que tuve fue un hogar en donde existía la enfermedad del alcoholismo. El día de hoy sé que tengo un objetivo y que mi vida tiene mucho sentido. Antes de conocer AA sólo pensaba en morir y en las mil maneras de fugarme de mi realidad, en cambio ahora, deseo ver a mis hijas crecer y ayudarles todo lo que sea posible.

Confieso que, cuando estaba embarazada, llegué a pensar que ya no necesitaba estar en AA, y que con el tiempo que ya tenía asistiendo era suficiente para llevar una vida normal, estar en mi casa, ser una ama de casa y madre. Una vez que nació mi primera hija, me di cuenta que necesito AA más que nunca y que, si descuido mis reuniones, no sólo descuido mi sobriedad. Aunque estoy casi segura que no volvería a beber alcohol, yo sé que emocionalmente soy más peligrosa que borracha. Estoy consciente del daño que puedo hacerle a mis hijas, así que, sólo por hoy, aquí estoy en mi grupo, pues mientras esté aquí, no pasa nada.

Ebelina
San José, California

El primer día del resto de tu vida
MAYO/JUNIO 1997

El 27 de noviembre de 1995 comenzó como un día de rutina para mí. Mi hija para el colegio, mi esposo salió para la oficina. A las 10 a.m. había tomado café en el lavadero y había empezado a beber vino. Tenía que llenarme de energía para poder limpiar la casa y lavar la ropa. Un poco antes del mediodía mi esposo llegó a casa y me invitó a que saliéramos a almorzar. No quería ir pero, para no oír la misma cantaleta de que nunca quería hacer nada ni ir a ninguna parte, acepté. En el restaurante no pedí nada (no tenía hambre), y mientras mi esposo almorzaba me suplicaba que conversara un poco con él. Nuestra cita para almorzar fue silenciosa.

Al salir del restaurante observé que mi esposo no manejaba rumbo a casa así que le pregunté adónde íbamos. Respiró profundo y me dijo que íbamos a ver un consejero. Mi primera reacción fue saltar de la camioneta, pero no quería lastimarme así que me quedé sentada y callada, preguntándome qué sorpresa me esperaba. Cuando entramos a la oficina de la consejera mi hija estaba sentada allí con el pastor de nuestra iglesia, una amiga mía y la consejera. Apenas

entré supe que todos los presentes conocían mi secreto. La consejera
me dijo que la familia estaba preocupada por mi manera de beber
y que yo necesitaba ayuda. Mi pastor, amiga, hija y esposo, compartieron sus inquietudes y describieron situaciones que les habían
ayudado a comprender la manera como yo bebía. No podía negar
nada de lo que me dijeron; todo era verdad.

Entonces la consejera sugirió que considerase un tratamiento.
No me opuse a la idea del tratamiento y ella me preguntó si estaría
dispuesta a ir a un centro de tratamiento ese día. De nuevo dije que
sí y mi hija me dijo que me había hecho la maleta y mi esposo me
podía llevar al centro de tratamiento desde la oficina de la consejera. En ese instante tenía mucho miedo y rabia. Sabía que tenían la
razón, necesitaba ayuda, pero al mismo tiempo estaba furiosa con
ellos por entrometerse en mi vida. Después de todo, tenía mi problema con la bebida bajo control, no me la pasaba metida en los bares,
ni me caía al suelo a causa de la borrachera. Yo sólo bebía a escondidas y hacía lo que tenía que hacer para arreglármelas.

La consejera me explicó adónde me llevaban y un poco de lo que
podía esperar. Muchos pensamientos me daban vueltas en la cabeza, pero de nuevo me invadió el miedo. Me despedí de mi pastor y de
mi amiga, y le di las gracias a la consejera. Mi esposo, mi hija y yo ca-
minamos afuera y, cuando subía a la camioneta, vi a mi hija parada
allí con grandes lágrimas rodándole por las mejillas. Sabía que tenía
un miedo mortal, así que me bajé de la camioneta y me le acerqué
para darle un fuerte abrazo y para decirle que la quería. Traté de
tranquilizarla y le dije que yo iba a estar bien. Y me fui para el centro de tratamiento. Mi esposo y yo no hablamos mucho durante el
viaje. Sí recuerdo decirle que no me llamara, que lo llamaría cuando
estuviera lista. El camino que llevaba hasta el centro de tratamiento
tenía un aviso que decía: "Éste es el primer día del resto de tu vida".
Me pregunté qué significado tenía eso para mí. Apenas crucé el um-
bral, supe que ése era mi lugar; nunca dudé que ése fuera mi lugar.
Me despedí brevemente de mi esposo y lo vi subir a la camioneta,
enjugándose las lágrimas mientras se alejaba. Poco sabía entonces

de la angustia y el miedo que mi familia sentía cuando buscaron ayuda después de tomar la decisión de intervenir. Su amor incondicional por mí los llevó a tomar el riesgo de perderme de veras.

Hoy en día, siete meses cumplidos de ese viaje espantoso al centro de tratamiento, le estoy agradecida a mi esposo e hija. Creyeron que era alcohólica cuando lo negaba totalmente. Creyeron que había una mejor persona dentro mí cuando yo no sabía quién era. A través de su amor por mí fui honesta por primera vez en años y acepté la ayuda del tratamiento. Nunca soñé que descubriría tanto acerca de quién soy nada más que por trabajar los Pasos de Alcohólicos Anónimos.

Mi familia me ha perdonado las veces que obré mal en el pasado y me apoyan totalmente como alcohólica en recuperación. Mi matrimonio de veintiocho años está más sólido que nunca antes. Ahora me siento digna del amor de mi esposo y le puedo dar mi amor con completa honestidad. Mis dos hijos universitarios y yo tenemos una relación más íntima que nunca antes, y ya no tienen que sentirse abochornados de mis acciones. Ahora podemos hablar con toda honestidad. Con frecuencia me dicen lo orgullosos que están de mí, y muchas de sus amistades me dicen lo mismo.

Creo que Dios le dio a mi familia claridad para comprender mi alcoholismo y los bendijo con el coraje para que pudieran hacer algo al respecto. Nunca me hubiese dado por vencida ante mi enfermedad si ellos no hubiesen intervenido. Cuando comparto mi historia con otros, frecuentemente escucho: "Increíble, tu familia debe de quererte". Y tienen toda la razón. Le doy gracias a Dios por bendecirme con una familia que tomó un riesgo y no descansó hasta llevarme al centro de tratamiento.

Sharon B.
East Wenatchee, Washington

Superando el dolor
SETIEMBRE/OCTUBRE 2018

Soy alcohólica, toda mi vida he estado rodeada de personas bebedoras, hombres y mujeres. Mis hermanos y primos a la edad de quince y diecisiete años, ya tenían la botella en la mano. Las reuniones familiares siempre terminaban con personas que se enojaban o familiares que se iban a los bares. Yo tenía once o doce años de edad, y esperaba en la puerta de la casa a mis papás, que, frecuentemente, llegaban a casa en la madrugada, bien borrachos.

Pero al cumplir doce años empecé a quedarme en la casa de mis abuelitos, yo prefería estar con mis abuelitos para no presenciar las peleas de mis padres. Una noche cuando estaba bien dormida me desperté con el llanto de mis abuelitos, les pregunté qué pasaba y mi primo me contestó que mis papás habían tenido un accidente. Mi papá estaba muerto, mi mamá muy grave y mis hermanitos heridos, con fracturas. En ese momento yo también me hubiera querido morir. Mi mamá iba manejando y estaba borracha. Mi papá iba dormido y nunca despertó. Desde entonces yo me resentí con mi mamá y juré nunca beber.

Crecí sin probar alcohol hasta que a los treinta y cuatro años, después de diecisiete años de matrimonio, comencé a estar aburrida en mi hogar y empecé a beber después del trabajo. Yo nunca fui una bebedora social. Después de tres meses surgieron los problemas con mi esposo, ya que él no tomaba. Seis meses después me estaba divorciando dejando una vida confortable con casa y buenos empleos. También mi trabajo lo dejé, y lo hice para ir a los bares. Así comencé mi camino al alcoholismo.

Mi segundo matrimonio también fue un desastre. Mi pareja, al igual que yo, era una persona bebedora. No me fue nada bien. Tuve problemas con la ley, con los DWI y Probation (multa por conducir ebria y libertad condicional). El juez me envió al grupo de AA ubicado en la zona donde yo vivía. No quería aceptar ser una alcohólica.

Después de un largo tiempo, comencé a escuchar el mensaje de los alcohólicos. Ahora ya sé que mi mamá no tuvo la culpa de lo que pasó. El alcohol tenía mucho que ver con el accidente. Al día de hoy estoy trabajando con mi Poder Superior y mi programa para pedirle perdón a mi mamá. Después de todo, nada más tengo una y la quiero disfrutar hasta el día que ya no esté. ¡Felices 24!

Rafaela O.
Fort Worth, Texas